LA CRIMINALITÉ PHARMACEUTIQUE EN RÉPUBLIQUE DÉMOCRATIQUE DU CONGO

Une véritable menace au droit à la santé

Collection « Géopolitique mondiale »

Dirigée par Mwayila TSHIYEMBE

L'objet de la collection « Géopolitique mondiale » est de susciter les publications dont la vocation est double : d'une part, donner un sens aux mutations provoquées par la mondialisation, étant donné la perte des repères du monde ancien et la nécessité d'inventer des repères du monde nouveau ; d'autre part, analyser la complexité des enjeux territoriaux, des rivalités d'intérêt et de stratégies qui pousse les acteurs à user de la force ou de la diplomatie, pour modifier ou tenter de modifier le rapport de force (ressources naturelles, humaines, culturelles), selon des idéologies qui les animent. A cette fin, la prospective et la pluridisciplinarité sont des approches privilégiées.

Déjà parus

Émile NGOY KASONGO, *La clé de l'émergence de l'économie congolaise, Analyse critique et nouvelles orientations de politique économique,* 2018.

Jean-Pierre LOTOY ILANGO-BANGA, *Décentralisation chaotique en République Démocratique du Congo*, 2018.

Jean OTEMIKONGO MANDEFU YAHISULE, *Guerre des méthodes en sciences sociales, Du choix du paradigme épistémologique à l'évaluation des résultats,* 2018.

Mwayila TSHIYEMBE (dir), *Relations internationales, Une science appliquée au service du pouvoir, Mélanges en hommage au professeur Philippe Biyoya,* 2018.

Fraternel AMURI MISAKO, Abdon KASEREKA MAHALIBO, Jules KASEREKA MAHALIBO Jean OTEMIKONGO MANDEFU YAHISULE, *La recherche scientifique en sciences sociales et humaines*, 2018.

Wenu BECKER, *Diplomatie et sécurité en RDC de 1960 à 1965*, 2018.

Gilbert Malemba N'Sakila, *Au-delà de la sorcellerie*, 2017.

Dyna Albert POMBO NGUNZA, *Communication des entreprises commerciales en République Démocratique du Congo*, 2016.

Jules MAIDIKA ASANA KALINGA, *Le drame migratoire à l'aune du droit cosmopolitique, Relecture de la sagesse Kantienne, 2016.*

Glombert LOKO MANTUONO, *Couverture sociale des maladies à caractère professionnel, Plaidoyer pour la réforme technique de la sécurité sociale en République Démocratique du Congo, 2016.*

Starmans BOFOE LOKANGU

LA CRIMINALITÉ PHARMACEUTIQUE EN RÉPUBLIQUE DÉMOCRATIQUE DU CONGO

Une véritable menace au droit à la santé

Préface de Mwayila Tshiyembe

L'Harmattan

Du même auteur

Le droit à la santé en droit positif congolais, Editions Universitaires européennes, Berlin, 2018.

5-7, rue de l'École-Polytechnique, 75005 Paris

http://www.editions-harmattan.fr

ISBN : 978-2-343-17537-9
EAN : 9782343175379

Sommaire

Préface

Plus qu'un honneur pour nous de préfacer l'ouvrage qui traite de « ***la criminalité pharmaceutique, véritable menace au droit à la santé et à la santé publique en RDC»***, ouvrage publié à la suite de la soutenance publique avec brio de la thèse de doctorat en Droit de l'auteur dont nous avions personnellement assuré la direction.

Le caractère pointu de la problématique cernée, l'éloquence et la clarté de son discours autant que la finesse de ses analyses sont le reflet de cette passion pour la recherche scientifique qui a toujours caractérisé l'auteur de présent ouvrage.

Dans cet ouvrage, l'auteur démontre que la criminalité pharmaceutique demeure une véritable menace non seulement au droit à la santé du consommateur des médicaments mais encore à la santé publique, secteur resté longtemps orphelin de la part de l'Etat à travers la contextualisation de sa politique pharmaceutique et sanitaire, la promotion de la production nationale des médicaments, le financement du système national d'approvisionnement en médicaments essentiels ainsi que le laxisme dans la répression de la *médicriminalité*.

De manière la plus limpide possible, l'ouvrage précise que si le droit à la santé est un droit pour tous de bénéficier d'un état de santé acceptable et d'accéder aux soins de santé de qualité, on ne peut y arriver qu'avec des médicaments de qualité.

Pendant que l'humanité assiste passivement au développement anarchique de la fabrication, du commerce et de la distribution de médicaments contrefaits, corrompus, périmés, volés, illicites ou de qualité douteuse, les patients mettent leur santé en danger en consommant sans le savoir de faux médicaments.

Ces médicaments sont donc des tueurs silencieux car, ne contenant pas de principe actif, font courir des risques de santé aux patients jusqu'à conduire à la létalité.

Tous ces agissements constituent la criminalité pharmaceutique qui englobe notamment la contrefaçon pharmaceutique, la fabrication et commerce des médicaments falsifiés, gâtés ou corrompus, la tromperie sur la qualité et quantité des médicaments, l'escroquerie pharmaceutique, l'avortement criminel par médicaments, l'administration des substances nuisibles à la santé, l'exercice illicite de l'art de guérir, etc. D'où la nécessité d'une action coordonnée de la part de tous les secteurs est donc vitale pour identifier les auteurs de ces infractions, enquêter sur leurs agissements et les traduire en justice.

Le souci de décrypter à fond ce paradoxe qui touche directement la viabilité du secteur pharmaceutique, gage de la garantie du droit à la santé, a justifié le choix de l'intitulé de cet ouvrage car pour la science juridique, cette étude se veut une modeste contribution à la doctrine sur le droit à la santé et le droit pénal en matière de la criminalité pharmaceutique.

L'ouvrage prouve qu'en RDC la criminalité pharmaceutique est consacrée et institutionnalisée du fait de la circulation des médicaments de qualité douteuse, de l'absence de loi fixant les principes fondamentaux relatifs à la fabrication et à la vente des médicaments et sur l'exercice de la médecine traditionnelle, le non respect des normes à l'exercice de la pharmacie, de l'ignorance des consommateurs sur le danger de l'automédication et la réticence de dénoncer des abus dont ils sont victimes du chef des pharmacriminels ainsi que du laxisme dans la lutte contre la criminalité pharmaceutique par les instances judiciaires.

L'ouvrage soutient, après un diagnostic profond et sérieux sur le marché de médicaments en RDC, qu'il est utopique de croire en l'exercice du droit à la santé là où criminalité pharmaceutique demeure consacrée et institutionnalisée. Ainsi pour la RDC, le défaut de résolution des problèmes à la base de la criminalité pharmaceutique et d'une répression dissuasive de celle-ci favorise un afflux massif et incontrôlé de médicaments de qualité douteuse dans le marché congolais aux conditions défavorables.

L'ouvrage conclut que la criminalité pharmaceutique étant une menace à la jouissance du droit à la santé, elle doit être énergiquement éradiquée afin de garantir sécurité physique et sanitaire aux consommateurs.

De ce qui précède, nous remercions l'auteur de cet ouvrage d'avoir fourni au monde scientifique et juridique un outil précieux et désormais incontournable pour toute recherche sur un sujet si capital pour l'avenir de la société et de la santé publique. Puisse sa fécondité intellectuelle et scientifique s'exprimer davantage à travers d'autres publications de la même facture. Je recommande vivement la lecture de ce précieux ouvrage à son public et lui souhaite bon vent.

Fait à Paris, le 25 mars 2019.

Mwayila Tshiyembe
Docteur d'Etat en droit (Université de Nice Antipolis),
Docteur en Science Politique (Université de Nancy II),
Directeur de l'Institut panafricain de Géopolitique de Nancy,
Professeur ordinaire et Doyen de la Faculté de Droit à l'Université de Kisangani.

Liste d'abréviations et sigles

A.G: Assemblée Générale
ADPIC: Aspects des Droits de la Propriété Intellectuelle touchant au Commerce
AM: Arrêté Ministériel
BCZS: Bureau Central de Zone de Santé
BO: Bulletin Officiel
CCCL III: Code Civil Livre III
CEPMON: Centre d'Etudes et de Promotion des Médicaments d'Origine Naturelle
CODESC: Comité des Droits Economiques, Sociaux et Culturels
CRMTA: Centre de Recherche des Médicaments Traditionnels Améliorés
CRPL: Centre de Recherche Pharmaceutique de Luozi
CS: Centre de Santé
D-L: Décret-loi.
DUDH: Déclaration Universelle de droits de l'Homme
ECZS: Equipe Centrale de la zone de santé
Ed.: édition
EHESS: Ecoles de Hautes Etudes en Sciences Sociales
EMAC: Ecole des Mines d'Albi-Carmaux
EUA: Etudes Universitaires d'Afrique
FAO: Food and agriculture Organization
FMI: Fond Monétaire International
FOSA: Formation sanitaire
GATT: General Agreement on Tariffs and Trade
HGR: Hôpital Général de Référence
INEAC: Institut National pour l'Etude Agronomique du Congo-Belge
ISO: International Organization for Standardization
J.O. RDC: Journal officiel de la République Démocratique du Congo
J.O.Z: Journal officiel de la République du Zaïre
J.O: Journal officiel

LGDJ: Librairie Générale de Droit et de Jurisprudences
LNME: Liste Nationale des Médicaments Essentiels
MTA: Médicament Traditionnel Amélioré
OGEFREM: Office de Gestion de Frets Maritimes
OIT: Organisation Internationale du Travail
O-L: Ordonnance-loi
OMC: Organisation Mondiale de Commerce
OMS: Organisation Mondiale de la Santé
ONRD: Office National de la Recherche et du Développement
ONU: Organisation des Nations-Unies
PCA: Parquet Complémentaire d'Activités
PIDESC: Pacte International relatif aux Droits Economiques, Sociaux et Culturels
PMA: Parquet Minimum d'Activités
PNMLS: Programme National Multisectoriel de Lutte contre le Sida
PNMT: Programme National de Promotion de la Médecine Traditionnelle et des plantes médicinales
PNUD: Programme des Nations-Unies pour le Développement.
PUAM: Presses Universitaires d'Aix-Marseille
PUF: Presses Universitaires de France
RDC: République Démocratique du Congo
RDP: Reproduction et Développement des Plantes
SIDA: Syndrome d'immunodéficience acquise
SNAME: Système National d'Approvisionnement en Médicaments Essentiels
SRSS: Stratégies de Renforcement du Système de Santé.
UN: United Nations
UNFPA: United Nations Population Fund
UNICEF: United Nations International children's Emergency Fund
UNIKIS: Université de Kisangani
VIH: Virus d'immunodéficience humaine
ZS: Zone de santé.

Liste des figures, photos et tableaux

.

Introduction

L'article 47 de la Constitution de la République Démocratique Congo[1] dispose que : «*Le droit à la santé et à la sécurité alimentaire est garanti. La loi fixe les principes fondamentaux et les règles d'organisation de la santé publique et de la sécurité alimentaire*».

En République Démocratique Congo, comme partout dans le monde, le droit à la santé est reconnu aussi bien par la Constitution que par de nombreux instruments juridiques internationaux ratifiés par cette dernière en matière de droits humains, sa réalisation est interdépendante d'autres droits économiques, sociaux et culturels.

A cet effet, il est malaisé de constater que plusieurs cas de maladies et de décès en République Démocratique Congo résultent de la non-satisfaction ou parfois de la mauvaise satisfaction de besoins fondamentaux. Les problèmes d'accès aux infrastructures sanitaires, aux médicaments de qualité, à l'eau potable et à l'alimentation sont certainement les plus importants.

Ce qui fait que la réalisation du droit à la santé est fortement liée à la réalisation des droits économiques, sociaux et culturels tels que le droit à la nourriture, au logement, à l'hygiène, au travail, à la paix et à la sécurité. Autrement dit, la promotion de la santé implique bien plus l'accès aux services de santé et aux médicaments de qualité.

C'est pourquoi, l'affirmation du droit à la santé doit être accompagnée des droits et obligations de différents acteurs impliqués

---

[1] Loi n°11/002 du 20 janvier 2011 portant révision de certains articles de la Constitution de la RDC du 18 février 2006 article 47.

dans la chaine de production, de distribution et de consommation des médicaments de qualité.

Car il vise actuellement à améliorer sensiblement l'état de santé des populations qui n'ont pas accès qu'aux services de santé et aux médicaments de qualité.

En RDC, le médicament est donc considéré comme un produit de consommation à multiple vocation dont la fabrication, la distribution et la dispensation ne peuvent être laissées à la seule loi du marché, avec comme corolaire la menace à l'ordre public (en cas d'indisponibilité des médicaments de qualité, de la présence des contrefaçons et du trafic illicite ainsi que d'inaccessibilité des services de santé publique etc.).

Ainsi pour garantir le droit à la santé, la totalité du cycle de fabrication, la distribution et la dispensation du médicament doit être très étroitement régulée et confiée à la responsabilité de professionnels. Cette dernière doit faire l'objet d'une réglementation rigoureuse, en raison des problèmes de santé publique résultant d'une mauvaise utilisation.

En cas de dommages consécutifs à une utilisation irrationnelle des médicaments, il importe de s'interroger sur les droits et responsabilités des différents acteurs (fabricants, pharmaciens grossistes et ou détaillants, professionnels de santé, vendeurs de rue, consommateurs et l'Etat). La prévention des erreurs médicamenteuses exige donc la culture du risque et de la responsabilité.

En RDC, le marché illicite de médicaments prend des allures inquiétantes et constitue de nos jours une préoccupation majeure due non seulement à la pauvreté mais aussi à la non-application des textes juridiques régissant le secteur pharmaceutique.

Les tolérances administratives à la réglementation pharmaceutique constituent une situation dangereuse dans la lutte contre ce marché illicite. Les risques encourus dans l'immédiat ou à long terme ne sont pas bien évalués car ils sont accentués avec l'automédication et secondés par la non-application des textes législatifs et réglementaires. Ce qui encourage le marché parallèle illicite qui prend de l'ampleur inquiétante.

Pour ce faire, le droit à la santé constitue l'un des droits fondamentaux de tout être humain, quelles que soient sa race, sa religion, ses opinions politiques, sa condition économique ou sociale[2].

Ainsi, la Déclaration Universelle de Droits de l'Homme[3] affirme-t-elle que «Toute personne a droit à un niveau de vie suffisant pour assurer sa santé, son bien-être et ceux de sa famille, notamment pour l'alimentation, l'habillement, le logement, les soins médicaux ainsi que pour les services sociaux nécessaires…».

Comme on le voit, la jouissance du droit à la santé suppose que les pouvoirs publics créent des conditions telles que chacun puisse jouir du meilleur état de santé possible de ses citoyens. Ceci implique notamment l'existence de services de santé, des conditions de travail sûres et saines, un logement adéquat et une alimentation nutritive.

Bien que le droit à la santé soit consacré par des instruments juridiques internationaux et internes sur les droits de l'homme, l'exercice de ce droit fondamental butte à plusieurs obstacles notamment les diverses formes de criminalité pharmaceutique, l'accès

---

[2] Constitution de l'Organisation Mondiale de la Santé du 22 juillet 1946.

[3] DUDH adoptée par l'Assemblée Générale des Nations-Unies du 10 décembre 1948, article 25.

difficile aux services sociaux de base, le faible pouvoir d'achat des consommateurs, etc.

Ce qui fait qu'une part de la population se voit contrainte de renoncer aux soins ou de les reporter à plus tard à cause de la pauvreté et l'indisponibilité de médicaments de qualité.

La production et le commerce des médicaments en RDC sont, à ce jour, le théâtre d'une forte libéralisation due à l'impératif économique caractérisé par la rentabilité et la libre concurrence.

Au demeurant, la production nationale des médicaments connaît aujourd'hui d'énormes difficultés liées à l'absence d'une industrie chimique nationale génératrice des matières premières indispensables à son fonctionnement, à l'absence des crédits, à l'interventionnisme de l'Etat, aux stratégies-marketings susceptibles de permettre les médicaments locaux de concurrencer, en terme de prix et de qualité les produits importés sans pour autant négliger les barrières psychologiques encore perceptibles auprès du personnel soignant et des malades développant des préjugés défavorables vis-à-vis des médicaments produits localement.

Cet état de choses provoque un afflux massif des entreprises industrielles et importatrices, concurrentes étrangères qui distribuent leurs produits en RDC notamment le cas de Zenufa, Shalina, Promed, Phatkin, New Cesamex et de Gen-tai.

La production nationale des médicaments ne couvre que 10% des besoins du pays; vingt de vingt-huit unités de production dont dispose la RDC sont installées à Kinshasa alors que seulement 5 d'entre-elles observent les bonnes pratiques de fabrication et seules deux industries pharmaceutiques tradimodernes, le Centre de recherche sur les médicaments traditionnels améliorés, et le Centre de recherche pharmaceutique de Luozi, produisent les matières premières tandis que d'innombrables tradipraticiens opèrent pour la plupart dans l'informel.

En outre, pour détenir une part assez importante du marché local, les entreprises importatrices étrangères mettent à profit les imperfections du marché congolais de médicaments avec beaucoup d'innovations et des emballages sophistiqués.

L'atomicité et la perméabilité de ce marché facilitent, par nécessité face au besoin accru des médicaments en RDC, l'intégration des intermédiaires privés dans ce secteur hautement sensible malgré les restructurations imposées par l'OMS. Il convient également de faire observer que ce secteur reste envahi par des fournisseurs privés étrangers opérant pour la plupart à l'importation afin de combler les insuffisances de l'offre des industries pharmaceutiques congolaises.

Cet aspect ressort l'intérêt pour la RDC, non seulement de développer le secteur pharmaceutique par la production des médicaments génériques eu-égard à ses réserves forestières importantes, mais aussi d'inciter ses chercheurs à inventer d'autres thérapeutiques compte tenu de ses potentialités forestières.

Il importe de relever, dans la même veine, la présence des tradipraticiens qui, bien que œuvrant dans le domaine pharmaceutique, sont considérés comme des charlatans malgré des prouesses qu'ils réalisent dans le traitement de certaines maladies qui imposent des limites à la médecine moderne. Ils recourent parfois à des publicités audio-visuelles mensongères à la lisière de la déontologie professionnelle, pour ainsi facilement écouler leurs produits.

S'il faut croire que les activités exercées par ceux-ci ne peuvent pas être interdites faute de texte, il sied aussi de reconnaitre l'urgence de les réglementer conformément aux exigences de qualité et des conditions l'exercice de l'art tenant à la désignation univoque, à la posologie, au dosage et au conditionnement des produits comme partout ailleurs pour éviter le mode de traitement thérapeutique incohérent, le manque de suivi des patients soumis au traitement et la publicité personnelle en lieu et place de celle des médicaments.

Toutes ces considérations soulèvent la question de la pratique pharmaceutique par des professionnels, détenteurs d'un diplôme en pharmacie, conformément au décret royal du 19 mars 1952 qui dispose que: "*Nul ne peut gérer une pharmacie s'il ne possède le diplôme de pharmacien lui permettant l'exercice de la profession, en Belgique ou un diplôme détenu en équivalence*".

En effet, la législation pharmaceutique en RDC est directement liée à l'histoire de la colonisation du Congo et dont les premiers textes coloniaux régissant les matières y sont encore en vigueur.

Il appert de tout ce qui précède que la situation sanitaire de millions de congolais est inacceptable car la population accède aux médicaments en toute insécurité physico-sanitaire et en dépit des conditions offertes par les professionnels.

Dans les villes de Kisangani et Kinshasa, il n'est pas rare d'observer, sur chaque bout de chemin, l'ouverture anarchique des officines gérées par de non professionnels qui délivrent leurs médicaments au public comme tout produit commerçable. Ces officines sont implantées dans des constructions parfois en matériaux durables, semi-durables ou en bois de coffrage sans climatisation appropriée au mépris flagrant de normes minimales pharmaceutiques.

En sus, ces officines s'approvisionnent partout (circuit illicite des médicaments) et auprès de quelques établissements de vente en gros des médicaments qui ne remplissent pas toujours les conditions minimales de distribution et de conservation telles qu'exigées par la loi.

Ces établissements importent les médicaments depuis quelques pays européens et Sud-est asiatiques parmi lesquels la Belgique, la Chine et l'Inde *via* Kampala ou Kinshasa.

Les médicaments importés ou produits à Kinshasa sont parfois analysés sur place dans les laboratoires qui ne répondent pas au standard fixé par l'OMS tels LAPHAKI, LACOKIN ou de l'OCC avant l'embarquement, chose qui devrait aussi se faire au débarquement à Kisangani après avoir subi, nuit et jour, chaleur et humidité dans les barges et containers dans lesquels ils sont transportés.

Par contre, les importations en provenance de Kampala atteignent la ville de Kisangani par le réseau routier aux conditions de transport dans des containers de camion où ces médicaments sont mélangés avec des produits divers tels que les piles, la soude caustique n'offrent aucune sécurité sanitaire, situation exacerbée par l'absence de laboratoire d'analyse appropriée pour certification au débarquement ou à l'arrivée.

Cette situation est la cause de l'indisponibilité des médicaments de qualité, de la désorganisation du marché des médicaments, du dysfonctionnement du système d'assurance-qualité ainsi que de l'absence d'une répression dissuasive des abus consécutifs à la fabrication, à l'étiquetage, à la distribution et à la consommation des médicaments exposant ainsi les consommateurs à des risques physiques graves.

Ces différents actes répréhensibles s'articulent en une criminalité pharmaceutique, phénomène dont il convient d'observer l'impact sur le droit à la santé des consommateurs. C'est pourquoi, il est important de chercher à savoir comment l'Etat congolais s'emploie-t-il à juguler la criminalité pharmaceutique perçue comme menace grave à l'exercice du droit à la santé.

L'étude entend dresser un état des lieux du marché de médicaments dans les villes de Kisangani et de Kinshasa pour en proposer ainsi des mécanismes correctifs susceptibles d'éradiquer ce fléau contre la santé publique.

De cette préoccupation, il faille noter que l'Etat congolais se limiterait aux stratégies juridiques générales sans organiser des mécanismes spécifiques efficaces, capables de juguler la criminalité pharmaceutique, offrant ainsi moins de garantie à l'exercice du droit à la santé et à la protection des consommateurs contre les risques de santé auxquels ils sont exposés.

En plus, le marché de médicaments dans les deux villes serait pollué du fait de la circulation des médicaments de qualité douteuse provenant du circuit illicite pratiqué par de non-professionnels au mépris de bonnes pratiques en matière de distribution et de conservation ainsi que le laxisme dans la répression des abus constitutifs à la criminalité pharmaceutique au niveau des instances judiciaires.

L'objectif visé par cet ouvrage est d'apprécier les mécanismes mis en place par l'Etat congolais en vue d'assainir le secteur pharmaceutique et de promouvoir l'exercice du droit à la santé et proposer des mécanismes correctifs susceptibles de juguler la criminalité pharmaceutique dans les deux villes.

Cette étude met l'accent sur la sécurité juridico-sanitaire des consommateurs des médicaments en soulignant que le défaut de résolution des problèmes à la base de la criminalité pharmaceutique et d'une poursuite dissuasive des pharmacriminels favorise un afflux massif et incontrôlé de médicaments de qualité douteuse dans le marché congolais aux conditions défavorables.

Ainsi, sur le plan structurel, outre l'introduction et la conclusion, l'ouvrage développe trois chapitres :

- L'organisation du marché des médicaments en République Démocratique Congo.
- La criminalité pharmaceutique en République Démocratique Congo.
- Les causes, conséquences et répression de la criminalité pharmaceutique en République Démocratique Congo.

CHAPITRE I :

L'organisation du marché des médicaments en République Démocratique du Congo

Ce chapitre traite, tour à tour, la production nationale des médicaments (I) ainsi que l'approvisionnement en médicaments en RDC (II).

I. La production nationale des médicaments en RDC

I.1. Etat des lieux de la production nationale des médicaments

En matière de production nationale des médicaments, les industries pharmaceutiques locales installées en majorité à Kinshasa ne produisent que des médicaments génériques et les médicaments traditionnels améliorés. Dans un grand pays comme la RDC où la population reste menacée par les maladies parasitaires telles que la malaria, la tuberculose et le VIH/SIDA, cette production ne couvre que 10% des besoins du pays. D'où la nécessité de recourir à l'importation qui représente près de 90% d'approvisionnement.

Parmi les vingt-huit unités de production dont vingt installées à Kinshasa, seulement cinq appliquent les bonnes pratiques de fabrication, notamment Gen-tai, New cesamex, Phatkin, Zenufa et Promed. Toutefois, deux unités de production telles le Centre de recherche sur les médicaments traditionnels améliorés et le Centre de Recherche Pharmaceutique de Luozi produisent des Médicaments Traditionnels Améliorés et les matières premières pouvant servir d'intrants à d'autres industries pharmaceutiques.

De surcroît, il y a lieu de signaler que dans la ville de Kisangani il n'y a aucune industrie pharmaceutique ni moderne ni tradi-moderne alors que la population est dans le besoin accru des médicaments de qualité. L'absence de ces unités de production constitue la cause d'accessibilité à n'importe quel médicament, efficace ou non.

Dans le contexte actuel, l'industrie pharmaceutique nationale est fortement dépendante de l'extérieur pour son approvisionnement en matières premières, intrants et même le matériel de conditionnement.

Tous ces approvisionnements sont frappés de multiples taxes dont 10 % de droit d'entrée, de 13% de l'ICA jusqu'à 2010 et 0% de TVA de 2011 à 2012, 2 % frais de contrôle BIVAC, 1% de Frais Tally OCC au débarquement et d'autres. Toutes ces taxes font que la production nationale des médicaments soit incapable de faire face à l'importation en ce qui concerne les prix et l'accessibilité à moindre coût même pour les produits génériques face à une population en majorité pauvre.

Dans le cadre de la promotion de la production nationale des médicaments, le Ministère de la santé publique a pris, à travers l'AM n°1250/CAB/MIN/S/027/DS/2006[4] une mesure suspendant l'importation de 21 médicaments génériques. Cette décision cadre avec la stratégie de la Politique pharmaceutique nationale de 2006 qui tient à promouvoir l'industrie congolaise des médicaments.

---

[4] AM n°1250/CAB/MIN/S/027/DS/2006 du 7 septembre 2006 portant suspension temporaire des importations de certains médicaments, article 6 *in J.O,* 1ère partie n°14 du 15 juillet 2009.

Il existe en RDC de nombreux fabricants de médicaments proposant une gamme de produits très diversifiés dont notamment des fabricants de:

- Solutés massifs tels que Biopharco (Mbuji Mayi), Monamie (Kinshasa), Diophar (Bukavu),
- Quinines et de sels de quinine dont le principal est Pharmakina (Bukavu),
- Formes sèches et de formes galéniques tels que Zenufa, Mohak et Promed, qui sont tous situés à Kinshasa.

Toutefois, dans la ville de Kisangani, il y a lieu de signaler quelques petits producteurs traditionnels informels mais livrant leurs services au public selon la configuration suivante:

Tableau 1 : Situation des tradipraticiens dans les zones de santé de la ville de Kisangani de 2008 à 2012.

Zones de santé	Tradipraticiens enregistrés	Pourcentage
MAKISO- KISANGANI	41	48,2
KABONDO	06	7,1
TSHOPO & LUBUYA BERA	19	22,4
LUBUNGA	11	12,9
MANGOBO	08	9,4
TOTAL GENERAL	85	100

Source : Inspection provinciale de la pharmacie/ Province Orientale, 2013.

Il ressort de ce tableau que la ZS de Makiso-Kisangani vient en tête avec 41 sur 85, soit 48,2%, suivie tour à tour des ZS de la Tshopo 19 sur 85, soit 22,4%, de Lubunga 11/85 soit 12,9 %, de Mangobo 8 sur 85, soit 9,4% ainsi que de Kabondo avec 6/85, soit 7,1%.

Ces tradipraticiens produisent et offrent leurs médicaments au mépris de bonnes pratiques de fabrication et de distribution et n'ont pas de spécialité fixe. Leurs médicaments n'ont pas de dénomination connue. Ils ne sont ni analysés ni couverts par des autorisations de mise sur le marché.

I.2. Enregistrement et autorisation de mise sur le marché des médicaments en RDC

Aucun produit pharmaceutique importé ou fabriqué localement ne peut être autorisé à circuler ni à être consommé sur le territoire national congolais s'il n'a, préalablement, été enregistré et bénéficié d'une Autorisation de mise sur le marché[5].

Soulignons que cette disposition est actuellement difficile à faire respecter car la plupart des distributeurs procèdent à des appels d'offre ouverts et ne peuvent donc enregistrer tous les médicaments qu'ils redistribuent.

Par ailleurs, l'article 5 de ce même arrêté indique que le dossier de demande d'AMM d'un produit pharmaceutique à introduire à la DPM, pour avis et considération, doit impérativement contenir les éléments suivants:

1. Le formulaire *ad hoc* dûment rempli en trois exemplaires, relatif à l'enregistrement d'un produit pharmaceutique,
2. Le dossier complet du produit pharmaceutique comprenant:
   - Le dossier du fabricant avec une description sommaire et précise des principes actifs, des excipients et des méthodes de fabrication,

---

[5] AM n°1250/CAB/MIN/S/AJ/MS/013/2001 du 09 décembre 2001 portant enregistrement et Autorisation de Mise sur le Marché des médicaments en RDC.

- Le dossier analytique permettant de juger de la qualité des techniques de contrôle de qualité du fabricant et de se prononcer sur la durée de péremption.

- Le dossier pharmacologique décrivant les effets du principe actif et son devenir dans l'organisme,
- Le dossier toxicologique permettant d'apporter la preuve d'une tolérance suffisante et de l'innocuité,
- Le dossier clinique permettant d'apporter la preuve de l'efficacité du médicament et sa bonne tolérance,
- Le certificat de bonnes pratiques de fabrication du laboratoire du pays d'origine,
- L'autorisation de mise sur le marché délivré par le pays d'origine,
- Le dépôt de 50 échantillons format officine et 2 échantillons format hospitalier,
- Le dépôt du bulletin d'analyse locale délivré par un des laboratoires d'analyse agréés en RDC.

Cette obligation vaut, *mutatis mutandis*, pour les répartiteurs grossistes de la ville de Kisangani. Etant donné l'économie de l'article 1er du présent arrêté[6], nous pouvons affirmer que ce dossier est valable aussi bien pour les médicaments génériques que pour les spécialités pharmaceutiques.

Ainsi, par produit pharmaceutique, on entend toute substance ou composition utilisée pour le diagnostic, la guérison, le traitement et la prévention de la maladie chez l'homme ou l'animal et pouvant affecter la structure ou n'importe quelle fonction du corps humain. Ce produit pharmaceutique doit être utilisé sous les conseils ou sous contrôle du médecin et du pharmacien.

---

[6]'AM n°1250/CAB/MIN/S/AJ/MS/013/2001 du 09 décembre 2001, article 1er.

Face à une production incapable de couvrir le besoin de la population congolaise, la RDC recourt, pour satisfaire sa population, à d'autres moyens d'approvisionnement qu'il convient d'apprécier dans les lignes qui suivent.

II. De l'approvisionnement en médicaments en RDC

A l'époque coloniale, le plan VANOFF DUREIN prévoyait l'achat des médicaments par l'Etat et une dispensation gratuite à travers les structures des soins fixes (dispensaires et Hôpitaux de l'Etat). C'est à partir de 1942, que le secteur pharmaceutique public de la RDC a réellement débuté avec la création, à Kinshasa, par le gouvernement belge, du Dépôt central médico-pharmaceutique (DCMP).

Ce dépôt avait pour objectif, dans le contexte de la seconde guerre mondiale, d'assurer l'approvisionnement régulier en médicament et matériel médical, non seulement de la colonie mais aussi des armées alliées. La stratégie d'approvisionnement du DCMP était axée sur une centralisation d'achat et distribution avec dispensation gratuite des médicaments à travers les formations médicales du secteur public[7].

Au sortir de la guerre et jusqu'à l'indépendance de la RDC en 1960, le DCMP est devenu un service public de la colonie. A l'indépendance, le DCMP a été cédé à l'Etat et est devenu un service spécialisé du Ministère de la santé publique. Aujourd'hui, malgré les tentatives de restructuration, le DCMP en cessation d'activités a été officiellement dissout le 28 mars 2003. Alors la question demeure,

[7] VANDENBERGH *et al.*, *Etude de faisabilité pour la mise en œuvre d'un système d'approvisionnement et de distribution de médicaments et consommables médicaux essentiels en RDC*. Rapport provisoire de Mission. janvier/février 2002.

comment la RDC continue-t-elle à s'approvisionner en médicaments de bonne qualité?

II.1. Du circuit d'approvisionnement en médicaments en RDC

La faillite du système public d'approvisionnement a conduit à une intervention exclusive du secteur privé avec comme conséquence l'exclusion des couches défavorisées de la population à l'accès aux médicaments et des soins de santé.

Le rôle joué jadis par le DCMP est confié au SNAME qui va absorber les activités des réseaux confessionnels et des ONG nationales et internationales en matière d'approvisionnement et de distribution grâce à la politique de contractualisation initiée par le Ministère de la santé publique.

II.2. Les acteurs de systèmes d'approvisionnement et de distribution des médicaments en RDC

Les informations collectées, au cours de l'étude, ont permis d'identifier les différents acteurs impliqués dans les systèmes d'approvisionnement et de distribution des médicaments en RDC.

Ces différents acteurs sont regroupés en deux catégories[8]:

- Les acteurs des systèmes nationaux d'approvisionnement en médicaments et autres produits de santé et
- Les autres acteurs n'appartenant pas aux systèmes nationaux (bailleurs de fonds multilatéraux ou bilatéraux, les fondations, les ONG etc.).

---

[8] RDC-OMS, *Cartographie des systèmes d'approvisionnement et de distribution des médicaments et autres produits de santé en RDC,* Kinshasa, janvier 2010, p. 25.

II.2.1. Les acteurs des Systèmes Nationaux d'Approvisionnement des Médicaments en RDC

Il existe trois systèmes nationaux d'approvisionnement et de distribution en RDC: le Système National d'Approvisionnement en Médicaments Essentiels (SNAME), le Système d'Approvisionnement du Secteur Privé (SASP) et le Système Public d'Approvisionnement du ministère de la Santé (SPAMS).

II.2.1.1. Le Système National d'Approvisionnement en Médicaments Essentiels (SNAME)

Le SNAME est un système basé d'une part, sur une centralisation des achats à travers deux agences d'approvisionnement, le Bureau de coordination des achats (BCAF) à Kinshasa et l'Association régionale pour l'approvisionnement en médicaments essentiels (ASRAMES) à Goma, et d'autre part, sur la décentralisation de la distribution des médicaments au niveau des provinces à travers un réseau de 15 Centrales de distribution régionales(CDR).

Deux provinces, le Sud-Kivu et le Maniema, ne sont pas encore couvertes par les CDR, mais pour le Maniema, plusieurs zones de santé sont approvisionnées à partir de la CDR de Goma (ASRAMES[9]) avec l'appui des partenaires.

Au niveau de chaque province, le SNAME utilise un système de type pyramidal reposant sur les structures du système de santé pour la distribution des médicaments aux populations. Ainsi, les Centres de distribution régionale distribuent les médicaments aux Hôpitaux généraux de référence aux Bureau centraux de zone de santé.

---

9 ASRAMES est à la fois un Bureau de coordination des Achats et une Centrale de Distribution Régionale.

Les BCZS approvisionnent à leur tour les centres de santé (CS) et enfin, les HGR et les CS dispensent les médicaments aux patients. Les hôpitaux du niveau central (Centre hospitalier universitaire, Centre hospitalier spécialisé) ne sont pas inclus dans le SNAME car ils s'approvisionnent dans le secteur privé.

A ce jour, les deux agences d'approvisionnement et quatorze sur quinze CDR sont non seulement des associations sans but lucratif selon le régime général prévu par la loi[10] mais également membres de la FEDECAME. Le système de financement du SNAME est un système mixte basé sur des financements issus du recouvrement des coûts et des financements des partenaires d'appui.

Pour sa mise en œuvre, suivi et évaluation du SNAME, le Gouvernement a créé le Programme national d'approvisionnement en médicaments essentiels[11]. Ce programme est sous tutelle de la DPM du Ministère de la santé publique dont les bureaux sont situés dans le bâtiment de l'ancien DCMP.

Aux termes de l'article 2 de l'AM susvisé: «le Programme National d'Approvisionnement en Médicaments a pour mission de développer un système d'approvisionnement en médicament essentiel, en fourniture pour imagerie médicale, en plantes et recettes médicinales éprouvées et en réactifs de laboratoire».

Dans la perspective de la mise en œuvre de ce programme, le gouvernement Congolais s'est donc engagé pour l'avenir en matière d'approvisionnement, à approvisionner régulièrement et suffisamment

[10] Loi n°004/2001 du 20 juillet 2001 portant dispositions générales applicables aux ASBL.

[11] AM N°1250/CAB/MIN/S/AJ/KIZ/18/2002 du 23 juillet 2002 portant création et organisation d'un Programme National d'Approvisionnement en Médicament (PNAM).

la RDC en médicament essentiel générique sous Dénomination commune internationale (DCI), efficace, de bonne qualité, et accessible à la majorité de la population. Il est impérieux de démontrer ici les avantages et inconvénients qu'offre le SNAME.

Comme avantages:

- Au niveau de la FEDECAME, avec la méthode d'acquisition par appel d'offre, il y a lieu de réaliser, grâce aux achats groupés, des économies d'échelle qui influent sur l'augmentation de l'accessibilité financière des populations aux médicaments. En plus la pré-qualification des couples fabricants/produits permet d'obtenir des médicaments de qualité garantie.

- Au niveau de la CDR, il y a lieu d'augmenter l'accessibilité géographique et économique et la disponibilité physique. Le suivi, l'évaluation et le contrôle de l'approvisionnement et de la gestion des médicaments peuvent être assurés par les services du Ministère de la santé publique.

Comme inconvénients:

- Le chiffre d'affaires de la FEDECAME et des CDR reste très limité car financé par l'Etat congolais qui ne les permet pas un approvisionnement susceptible de fournir de manière continue les médicaments de qualité et disponible à la population;

- La politique de restrictions des seules formations sanitaires publiques et confessionnelles ainsi que des hôpitaux généraux fait que l'approvisionnement à ces structures oblige le secteur privé à s'approvisionner chez n'importe quel répartiteur dont l'assurance qualité reste jusqu'ores douteuse.

Toutes les structures du SNAME sont soumises à la réglementation pharmaceutique concernant l'exercice de la pharmacie et donc au contrôle de la DPM[12].

II.2.1.2. Le Système d'approvisionnement du secteur privé

L'approvisionnement et la distribution en gros des médicaments dans le secteur privé sont assurés par des grossistes qui s'approvisionnent auprès des fabricants et distributeurs locaux ou internationaux.

La distribution en détail aux patients est assurée par les officines pharmaceutiques privées, les cliniques privées et les hôpitaux ainsi que par les ONG et les structures confessionnelles. Toutes les structures du système privé sont aussi soumises à la réglementation pharmaceutique concernant l'exercice de la pharmacie et donc sous contrôle de la Direction de Pharmacie et Médicaments.

Cependant, le marché privé s'est développé de façon anarchique et échappe en partie à son contrôle. C'est pourquoi aujourd'hui, la DPM n'est pas à mesure de donner le nombre exact de répartiteurs et de détaillants en pharmacie en RDC, nonobstant quelques répartiteurs grossistes de la ville Kisangani, tels Zenufa, Prince pharma, Moon pharma, Shalina, Shikina et Roff pharma.

---

[12] RDC-OMS, *Cartographie des systèmes d'approvisionnement et de distribution des médicaments et autres produits de santé en RDC,* Kinshasa, janvier 2010, p. 26.

II.2.1.3. Le Système public d'approvisionnement du ministère de la Santé

Le système public est un sous-système public non formalisé piloté par le ministère de la Santé sous la gestion de son cabinet. Il possède un dépôt central de stockage des médicaments à Kinshasa et consomme une partie importante du budget alloué par l'Etat congolais pour les approvisionnements en médicaments.

Les médicaments achetés sont distribués par le canal d'hommes politiques, notamment par les députés. Un manque de traçabilité demeure quant à la destination réelle de ces médicaments.

II.2.2. Les acteurs d'autres systèmes d'approvisionnement et de distribution des médicaments en RDC

II.2.2.1. Les systèmes d'approvisionnement des programmes de santé

Le PEV est le seul programme en RDC à assurer toute la chaine d'approvisionnement en se basant uniquement sur des structures nationales. La stratégie d'approvisionnement du PEV est basée sur un approvisionnement centralisé des vaccins au niveau du programme à Kinshasa et sur une distribution à travers des dépôts provinciaux et des antennes relais du PEV.

Les antennes relais du PEV distribuent à leur tour les vaccins aux BCZS qui les distribuent aux CS pour l'organisation des campagnes de vaccination dans toute la RDC, la ville de Kisangani n'étant pas épargnée. Le financement des vaccins et du système d'approvisionnement du PEV est entièrement pris en charge par les partenaires (UNICEF, GAVI et OMS).

Pour le Programme National Multisectoriel de Lutte contre le Sida (PNMLS), il assure le rôle d'agence d'approvisionnement pour l'achat/importation des produits de la prise en charge des patients du VIH/SIDA et il délègue leur distribution au SNAME. Dans la ville de Kisangani, cette distribution est assurée à travers les représentations provinciales du PNMLS, du PNLS, du GTZ-SANTE, UNFPA....

Pour le Programme National de Transfusion Sanguine, il assure le rôle d'agence d'approvisionnement pour l'achat/importation des réactifs pour la sécurité de sang et assure la distribution jusqu'aux CSDT et HGR *via* ses dépôts provinciaux.

II.2.2.2. Les systèmes d'approvisionnement des partenaires

Les informations collectées au cours de l'étude ont permis d'identifier 52 partenaires différents, impliqués dans les systèmes d'approvisionnement et de distribution des médicaments et autres produits de santé en RDC. Parmi ces partenaires, 15,38% (8/52) sont des bailleurs multilatéraux, 5,76% (3/52) des bailleurs bilatéraux et 78,84% (41/52) des structures privées et/ou ONG.

Les partenaires identifiés interviennent à un ou plusieurs niveaux de la chaine d'approvisionnement. Parmi ces partenaires, 26,92% (14/52) interviennent pour le financement des médicaments, 32,69% (17/52) comme agence d'approvisionnement/importation des médicaments, 40,38% (21/52) pour le stockage des médicaments au niveau intermédiaire mais aucun partenaire n'intervient pour la dispensation aux patients[13].

[13] RDC-OMS, *Cartographie des systèmes d'approvisionnement et de distribution des médicaments et autres produits de santé en RDC,* janvier 2010, p. 28.

II.2.2.3. La sélection des médicaments et autres produits de santé

La RDC a adhéré à la stratégie de promotion des médicaments essentiels prônée par l'OMS. La DPM a donc élaboré une Liste Nationale des Médicaments Essentiels (LNME) dont la dernière révision date de 2010.

Cette liste renferme 487 produits qui satisfont aux besoins de la majorité de la population de la RDC, en matière de soins de santé, y compris pour la prise en charge des maladies prioritaires (SIDA, Paludisme et Tuberculose). La LNME révisée en 2010 définit les produits qui doivent être disponibles au niveau des HGR et des CS.

Pour le secteur public, la sélection des médicaments distribués par le SNAME est effectuée par le PNAM sur la base de la LNME alors que pour le secteur privé, la sélection des médicaments s'effectue sur la base des ventes ou éventuellement des marchés potentiellement attractifs. La quantification des besoins à chaque niveau est directement liée au volume de ventes et aux fonds disponibles. Autrement dit, chaque structure n'achète que ce qu'elle est susceptible de vendre pour assurer sa viabilité financière.

II.2.2.4. Les structures et politiques d'achat/importation

1. Structures d'achat/importation

Au plan national, la RDC dispose de deux agences d'approvisionnement du secteur public et des grossistes répartiteurs/importateurs pour l'approvisionnement du secteur privé. Les données collectées lors de l'étude montrent que malgré l'existence de ces structures, plusieurs partenaires utilisent leurs propres agences d'approvisionnement pour l'achat des produits qu'ils financent.

2. Politiques d'achat/importation

Les 2 agences d'approvisionnement nationales (BCAF Kinshasa et ASRAMES) achètent les médicaments pour les structures publiques de la RDC et disposent d'un manuel de procédures pour la passation des marchés définissant notamment les procédures d'achat et les types de marché à utiliser. Pour garantir la qualité des médicaments qu'elles achètent, les BCAF Kinshasa et ASRAMES effectuent une pré-qualification des fournisseurs permettant la sélection d'une liste de produits/fournisseur agréés[14].

A. Distribution des médicaments aux populations.
1. Circuits de distribution du SNAME dans le secteur public

1. . De la FEDECAME

Pour le SNAME, le système de distribution utilisé au niveau des provinces est un système de type pyramidal. La distribution/dispensation des médicaments et autres produits de santé aux populations est assurée, *via* les CDR, par le réseau des structures du système de santé.

La PPN avait retenu comme stratégie pour l'approvisionnement la centralisation des achats et la décentralisation de la distribution des médicaments efficaces, de bonne qualité, sûrs et à des prix accessibles à la majorité de la population[15]. Ces achats sont actuellement faits par deux bureaux de coordination des achats, situés l'un à Kinshasa (BCAF/FEDECAME) et l'autre à Goma(ASRAMES). Tandis que la

---

[14] RDC-OMS, *Cartographie des systèmes d'approvisionnement et de distribution des médicaments et autres produits de santé en RDC,* Kinshasa, janvier 2010, p. 25.

[15] RDC, *Rapport narratif : Profil pharmaceutique* de la RDC, Juin 2011, Kinshasa, p. 29.

décentralisation se fait par les Centrales de distribution régionales(CDR) à travers la RDC.

2. De la création de la FEDECAME

Les maîtres d'œuvre des CDR constituées se sont associés et ont créé la Fédération des centrales d'approvisionnement en médicaments essentiels dont les bureaux sont situés à Kinshasa. La FEDECAME constitue l'acteur central du nouveau système d'approvisionnement adopté par la RDC, et sa création répond directement à la volonté de mise en œuvre de la PPN *via* le PNAM.

3. Statut juridique de la FEDECAME

La FEDECAME a été constituée le 26 août 2003 selon le régime général prévu par la loi sur les ASBL[16]. Elle poursuit un but de développement social, fondé sur la politique contractuelle du Ministère de la santé et donc sur un partenariat entre les pouvoirs publics, les communautés bénéficiaires et autres intervenants en matière de santé publique.

4. Objectifs de la FEDECAME

La création de la FEDECAME répond aux objectifs suivants:

- La création d'un service fédéral d'achats groupés permettant de négocier des marchés aux conditions plus favorables en termes de prix,

[16] Loi n° 004/2001 du 20 juillet 2001 portant dispositions générales applicables aux ASBL.

- L'assurance régulière de l'approvisionnement en Médicaments essentiels et consommables médicaux auprès des CDR membres de la fédération.

Les CDR étant membres de la fédération vont déléguer les fonctions techniques spécialisées à la FEDECAME tel que le volet concernant la gestion des achats dans ses aspects techniques (Assurance-Qualité), commerciaux (négociation des marchés) et logistiques.

Les deux bureaux d'achat lancent les appels d'offres conformément à leurs cahiers de charges. Il y a alors présélection des soumissionnaires, la pré-qualification du couple produit-fabricant, la sélection des fournisseurs et enfin l'attribution du marché. Les appels d'offres sont souvent internationaux.

Les centres de santé ne s'approvisionnent pas directement au niveau des CDR, mais il arrive que des lignes de crédit soient ouvertes par les partenaires directement au niveau des CDR et à leur profit. La distribution est centripète dans la majorité de cas: ce sont les BCZS qui viennent chercher les médicaments dans les CDR; et ce sont les CS qui viennent chercher les médicaments auprès des BCZS.

b. Circuits de distribution du secteur privé

Dans le secteur privé lucratif, la distribution en gros des médicaments et autres produits de santé est assurée par les grossistes importateurs et répartiteurs; la distribution/ dispensation aux populations est assurée par les pharmacies privées et les pharmacies des cliniques privées[17].

---

[17] RDC-OMS, *Cartographie des systèmes d'approvisionnement et de distribution des médicaments et autres produits de santé en RDC,* janvier 2010. p. 38.

Figure 1: Circuit officiel de distribution de médicaments du secteur privé

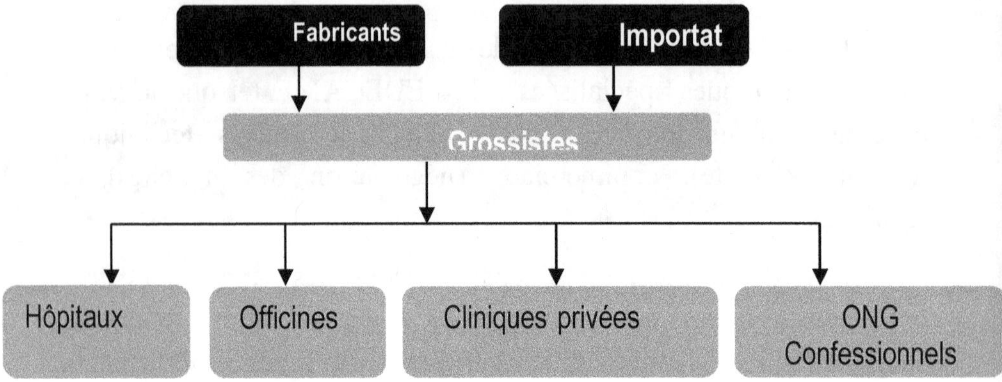

Source : *Ministère de la Santé publique, 2012*

Par l'AM n°1250/CAB/MIN/AJ/001/2000 du 14 mars 2000 portant octroi des autorisations d'ouverture et de fonctionnement des établissements pharmaceutiques, le Ministère de la santé octroie des licences ou autorisations d'ouverture aux importateurs grossistes, aux distributeurs du secteur privé. Jusqu'en l'an 2012, il n'existait encore que 127 grossistes importateurs sans distinction éparpillés à travers le Pays et dont les 2/3, soit 85 grossistes se trouvent à Kinshasa et 6 opèrent dans la ville de Kisangani.

a. Les réseaux confessionnels

Après la cessation d'activités du DCMP, les réseaux confessionnels ont pris de l'importance en RDC. Du fait de l'absence d'un système national d'approvisionnement, les filières du secteur confessionnel ont représenté les seules filières d'approvisionnement en médicaments, desservant de manière large l'ensemble des régions du pays.

i. Les réseaux catholiques: les Bureaux diocésains des œuvres médicales

Ce sont parmi les réseaux confessionnels, les plus importants en volume et en capacité d'organisation. Cependant, le niveau d'organisation des BDOM est très variable et leur structure de coordination nationale installée à Kinshasa, n'est pas vraiment fonctionnelle.

A Kisangani, la structure fonctionne au sein du bureau diocésain de développement avec très peu d'activités signalées, relatives à notre objet d'étude car la réticence a caractérisé nos informateurs.

ii. Les réseaux protestants: la Direction des œuvres médicales de l'Eglise du Christ au Congo

Ils sont regroupés au sein de l'Eglise du Christ au Congo et coordonnés par la DOM/ECC dont le siège se situe à Kinshasa. Elle gère directement la redistribution des médicaments vers les formations sanitaires protestantes et les zones de santé qu'elle appuie.

Ailleurs, comme à Kisangani, l'approvisionnement des réseaux protestants repose le plus souvent sur les structures hospitalières locales, ce qui représente une portée très locale pour l'approvisionnement direct des formations sanitaires protestantes de la zone d'attraction de ces Hôpitaux.

iii.Problématique du réseau confessionnel

Si les approvisionnements réalisés par ce secteur sont quantitativement importants, ils restent fortement désorganisés sur le plan de la gestion et de la planification. De plus, les approvisionnements réalisés par les réseaux confessionnels n'étant pas assurés par des professionnels de santé, il en résulte une certaine méconnaissance du problème lié à la qualité des médicaments.

Le facteur « prix » intervenant dans le processus d'acquisition sera donc souvent prioritaire au détriment de la qualité des produits pharmaceutiques.

C'est pourquoi, si la participation au système national d'approvisionnement par ce secteur tend à s'accroître, certaines formations sanitaires confessionnelles s'adressent de façon quasi exclusive à des fournisseurs internationaux mais également auprès des fournisseurs privés locaux qui présentent l'avantage d'être financièrement beaucoup plus concurrentiel. Il n'en va pas toujours de même pour la qualité.

b. Le secteur privé lucratif ou non

Sur 82 établissements de vente en gros que comptent les villes de Kinshasa et de Kisangani, 76 sont concentrés à Kinshasa et 6 à Kisangani, lesquels sont soit d'origine européenne ou sont liés à des établissements européens soit sud-asiatiques comme le renseigne, à titre d'exemple pour la ville de Kisangani, les cas de Moon pharma, Prince pharma, Roff pharma, Shalina et Zenufa pour les tenanciers de nationalité indienne alors que Shikina pour les sujets chinois.

Ces établissements de vente en gros profitent ainsi de la désorganisation de la réglementation pharmaceutique pour importer et distribuer les médicaments au mépris flagrant de bonnes pratiques de conservation et de distribution.

La désorganisation du secteur pharmaceutique, le non-respect de la réglementation, l'absence d'autorité ont favorisé la prolifération sur ces marchés privés d'un grand nombre de médicaments de provenance et de qualité le plus souvent douteuses.

Les grossistes d'origine asiatique importent leurs médicaments directement de leur pays d'origine (Inde, Chine), sans procédures d'enregistrement en RDC et le plus souvent sans un véritable contrôle et assurance de la qualité des produits importés.

C'est pourquoi ce réseau d'approvisionnement que l'on retrouve particulièrement au voisinage des CDR et formations sanitaires constitue un véritable danger pour les populations. Nous devons signaler que la garantie de pérennisation du SNAME passe par une implication de la part de tous les acteurs de l'approvisionnement et donc par une participation directe ou indirecte de ces grandes ONG à ce système.

Dans ce secteur privé du circuit de distribution, un secteur informel, toléré et/ou illicite, il y a lieu de constater, avec amertume, des EVG intégrés transformés en officines pharmaceutiques privées ; la présence des vendeurs détaillants et ou ambulants appelés ***«pharmacies de la mort»*** dans des agglomérations et dans le voisinage des centres de santé et hôpitaux.

II.3. La problématique de l'assurance-qualité des médicaments en RDC

L'objectif de la politique pharmaceutique[18] en cette matière est d'attester que des médicaments mis à la disposition de la population sont de bonne qualité et répondent aux normes.

L'Etat doit donc:

1. Créer un laboratoire national (type l'OMS) d'assurance et de contrôle de qualité des médicaments, des aliments, des produits cosmétiques sous la responsabilité de l'Agence du médicament du ministère de la Santé,

[18] RDC, *Politique pharmaceutique nationale*, Kinshasa, Ministère de la Santé publique, 2005, p .14

2. Renforcer et appliquer dans toute leur rigueur les textes législatifs et règlementaires en matière de contrôle et assurance-qualité des médicaments, et tenir compte des recommandations de l'OMS sur les MTA,
3. Assurer le contrôle de la qualité des médicaments en circulation dans le pays,
4. Installer au niveau des pools, des unités de contrôle et d'assurance qualité des médicaments essentiels générique et traditionnel améliorés,
5. Mettre fin au recours aux laboratoires privés commerciaux pour le compte de l'Etat, et ne recourir qu'aux laboratoires accrédités par l'OMS,
6. Faire respecter les règles de bonne pratique de fabrication par tout laboratoire de production,
7. Déterminer les normes de qualité et de conformité et veiller à leur application.

Dans les perspectives de ces objectifs, il est impérieux d'analyser l'assurance qualité à divers niveaux.

II.3.1. Au niveau du secteur public

L'existence d'un système d'assurance qualité tout au long de la chaine d'approvisionnement est un élément indispensable pour garantir la qualité des médicaments de l'acquisition jusqu'à la consommation. Au niveau du SNAME, le processus d'assurance-qualité débute lors de l'acquisition des médicaments.

A l'arrivée des marchandises en RDC, l'OCC prélève systématiquement un échantillon de produits pour le contrôle qualité (à l'ouverture des containers). Cependant, les résultats sont rarement disponibles ou sont envoyés trop tardivement.

C'est pourquoi, le BCAF Kinshasa effectue parallèlement un contrôle de qualité sur les marchandises réceptionnées soit au niveau de la faculté de pharmacie de l'UNIKIN, soit auprès de laboratoires étrangers.

Les médicaments distribués par le SNAME bénéficient donc de 2 contrôles de qualité, un contrôle en amont lors de la pré-qualification et un contrôle en aval lors de la réception des produits.

Enfin, il existe un 3ème niveau de contrôle de qualité qui est assuré par l'inspection pharmaceutique de RDC. Cette inspection pharmaceutique est réalisée par des pharmaciens inspecteurs nationaux et provinciaux qui vérifient que les structures du SNAME (CDR, BCZS, HGR et CS) respectent les bonnes pratiques de stockage et de distribution. Ils peuvent aussi effectuer des prélèvements d'échantillons de produits pour le contrôle de qualité en laboratoire.

II.3.2. Au niveau du secteur privé

La législation pharmaceutique prévoit que tous les médicaments importés et commercialisés en RDC doivent être enregistrés par l'autorité de réglementation. Les grossistes importateurs ont donc l'obligation de se conformer à cette règlementation pour l'importation des médicaments en RDC.

Comme pour le SNAME, l'OCC prélève des échantillons pour le contrôle de qualité à l'arrivée des marchandises. L'inspection pharmaceutique effectue aussi des contrôles sur l'ensemble des structures privées dont l'état des lieux à Kisangani sera développé dans les lignes qui suivent.

II.3.2.1. Au niveau des programmes de santé

Seul le PNMLS joue le rôle d'agence d'approvisionnement pour la Banque Mondiale. Tous les autres programmes de santé en RDC réalisent les achats/importation des médicaments par l'intermédiaire d'agences d'approvisionnement désignées par les partenaires qui appuient financièrement les programmes.

Pour le circuit de distribution des programmes de santé, l'inspection pharmaceutique n'intervient qu'au niveau des structures du système de santé. Si le programme de santé utilise des ONG, des structures confessionnelles, ou des structures privées pour la distribution des produits qu'il gère, elles échappent au contrôle de l'inspection pharmaceutique.

II.3.2.2. Au niveau des partenaires

Pour les partenaires qui utilisent d'autres agences d'approvisionnement que les agences des systèmes nationaux, nous n'avons pas pu obtenir d'information sur leur système d'assurance qualité quant au choix du couple produit/fournisseur.

La plupart de ces agences d'approvisionnement opèrent au niveau des bureaux centraux à l'étranger et la représentation locale du partenaire au niveau de la RDC n'a pas pu fournir la procédure d'assurance qualité. Cependant, l'OCC effectue un prélèvement de leurs produits pour contrôle qualité.

Le secteur pharmaceutique en RDC est donc caractérisé par la circulation de médicaments de mauvaise qualité, surtout des médicaments contrefaits. Cet état est favorisé par le fait que le système d'assurance-qualité ne fonctionne pas correctement. Les textes législatifs sur l'exercice de la pharmacie[19] sont dépassés.

Et les textes légaux et réglementaires sont également mal appliqués et même inconnus par ceux qui devraient les mettre en application. Le ministère de la Santé dispose d'un personnel qualifié pour l'inspection et la vérification de l'assurance-qualité.

Ce personnel, généralement composé de pharmaciens, est capable de fournir un travail de qualité malheureusement il lui manque de l'équipement, du matériel et même de la formation continue.

La RDC ne dispose pas d'un laboratoire national de contrôle des médicaments qui relève directement de l'autorité du Ministère de la santé publique. Pour effectuer le contrôle de qualité des médicaments, le Ministère de la santé publique recourt par sous-traitance aux services des laboratoires extérieurs qu'il a agréés, notamment le LACOMEDA, le LAPHAKI, le laboratoire de l'OCC et le Laboratoire de contrôle de qualité de Kinshasa.

Les 3 premiers appartiennent aux services de l'Etat, tandis que le dernier est privé. Malheureusement, tous ces laboratoires manquent d'équipements adéquats; sauf l'OCC qui est en train de faire un effort pour atteindre le niveau 1 comme le souhaite l'OMS. En outre, c'est le qui est en processus d'accréditation au système ISO.

Les médicaments analysés proviennent des importations, des médicaments faisant l'objet de demandes d'AMM, des produits fabriqués localement, des médicaments en post commercialisation, des médicaments saisis à la suite de plaintes de la population ou des

[19] Ordonnance n° 27 bis/Hyg. du 15 mars 1933 sur l'Exercice de la pharmacie, Art.7, 9 et 62.

patients devant les cours et tribunaux, donc des médicaments suspects. Quid de l'assurance - qualité des médicaments dans les villes de Kinshasa et de Kisangani?

II.3.3. Etat des lieux de l'assurance-qualité des médicaments dans les villes de Kinshasa et de Kisangani

De nos jours, le médicament est considéré comme un produit commerçable; des faux médicaments pullulent et des structures pharmaceutiques naissent au jour le jour dans le seul but de vendre des médicaments sans respecter les règles et normes en la matière. Ceci constitue une criminalité pharmaceutique qui entrave la santé publique.

L'amélioration de l'état de santé de la population exige une prise en charge adéquate des problèmes de santé par des médicaments de qualité. D'où la nécessité d'apprécier les mécanismes mis en place pour le contrôle et assurance qualité dans les villes de Kinshasa et de Kisangani.

A. L'assurance-qualité des médicaments au niveau de l'Office Congolais de Contrôle

L'Office congolais de contrôle est un établissement public à caractère scientifique et technique placé sous la tutelle du ministre ayant le commerce dans ses attributions[20].

L'Office a pour objet de réaliser, en tant que tierce partie, des évaluations de conformité, des inspections, de la certification, des essais ou analyses en se référant aux normes nationales, régionales

[20] Décret n° 09/42 du 3 décembre 2009 fixant les statuts d'un Établissement public à caractère scientifique et technique de l'Office Congolais de Contrôle.

et/ou internationales. Il poursuit ses interventions dans les domaines de la Métrologie, de la Normalisation et du Management de la qualité.

Le décret prévoit que l'OCC intervienne notamment sur:

- Le contrôle de tous les produits fabriqués localement,
- Le contrôle de qualité de toutes les marchandises et produits à l'importation et à l'exportation…,
- Les essais ou analyses des échantillons des produits importés.

Sont également concernés par toutes ses attributions les médicaments produits localement et ceux importés. Ainsi pour mener ses larges missions, l'OCC devrait dispose de laboratoires sur toute l'étendue de la RDC pour toutes sortes de marchandises, y compris les médicaments.

Malheureusement, l'indisponibilité des données relatives aux analyses effectuées par l'OCC/ Kinshasa ne nous exempte pas de placer un mot sur la ville de Kisangani.

L'OCC/Kisangani dispose d'un laboratoire d'analyse d'autres produits sauf pour l'analyse appropriée des médicaments. Ce qui justifie la circulation sans analyse ni certification des médicaments de qualité douteuse. Pendant la période de l'étude, aucun échantillon n'a fait l'objet d'analyse. Cette lacune est la cause principale de dysfonctionnement de système de contrôle et assurance-qualité des médicaments.

B. L'assurance-qualité des médicaments au niveau de l'Inspection Provinciale de la Pharmacie/ Kinshasa et Kisangani

La prolifération des médicaments contrefaits dans les deux mégapoles constitue un danger sérieux pour la santé. Ce qui nécessite une assurance-qualité adéquate afin d'éradiquer la circulation des médicaments de qualité douteuse. L'assurance-qualité des médicaments regroupe toutes les mesures prises pour garantir qu'un médicament est sûr, efficace, de bonne qualité et acceptable pour le patient, de la fabrication à la consommation.

Si le contrôle de la qualité nécessite des tests en laboratoire d'échantillons de médicaments comparés à des références de qualité reconnue, la qualité d'un médicament repose sur trois principes dont notamment:

- ***La qualité*** entendue comme évaluation de la qualité intrinsèque du médicament,
- ***L'efficacité*** qui vise les études cliniques,
- ***La sécurité*** comme évaluation de la toxicité ou profil d'impureté.

Cette évaluation se résume en deux volets principaux non seulement à travers l'évaluation du site de fabrication (usine) par la définition de son statut légal et son respect de bonnes pratiques de fabrication mais aussi à travers l'évaluation du médicament (son statut réglementaire, ses spécifications, celles du conditionnement, sa stabilité et bioéquivalence).

Le but d'un système d'assurance-qualité est d'aider une organisation à maîtriser ses processus et à conserver le bénéfice des actions d'amélioration et repose sur les étapes suivantes:

- Une qualification des fournisseurs (audit externe),
- Une qualification des médicaments (fournir les informations),
- Une gestion précise et rationnelle (formée et qualifiée) et
- Un stockage et un transport dans les conditions (température, humidité, etc.) recommandées par le fabricant.

Le bureau III des Inspections provinciales de la pharmacie procède à l'appréciation de bonnes pratiques de distribution à travers le contrôle des conditions de transport pour l'approvisionnement, des établissements de vente en gros ainsi que la tenue et conservation des médicaments dans les officines pharmaceutiques.

Sur le terrain, à titre illustratif, il convient d'apprécier les photos qui suivent pour savoir dans quelles conditions sont transportés les médicaments en importation dans la ville de Kisangani.

Photo 1 : Condition de transport des médicaments dans les containers dans la ville de Kisangani

Photo prise à Kisangani le 28 décembre 2012.

Ici les médicaments sont transportés dans un même container avec d'autres marchandises et ont été enfuis sous les sacs des produits divers et les piles. Ce camion aurait fait 21 jours dans le tronçon Mahagi-Kisangani. Dans les conditions de chaleur et humidité, ces cartons de médicaments n'ont pas été épargnés et ont été dans la plupart avariés suivant les photos 2 et 3.

Photo 2 et 3: Avaries des médicaments transportés dans le camion sus visé

Photos prises à Kisangani le 28 décembre 2012.

La pratique de la détection de l'avarie, défection ou contrefaçon par la technique organoleptique permet de suspecter ces médicaments et contraint les inspecteurs à saisir toute la quantité suspecte pour analyse par le mini laboratoire de contrôle de qualité de l'inspection provinciale de la pharmacie de la division provinciale de la Santé/ Province Orientale à Kisangani.

Toutes les inspections conduisent à retirer de la circulation tous les produits dont la qualité reste suspecte. Toutefois, il est impérieux d'apprécier où s'effectuent des analyses de confirmation ou non de la qualité de médicaments en comparaison de la tenue d'une salle de laboratoire d'assurance-qualité de l'OCC/Kinshasa et celle de toute la

Province Orientale à Kisangani comme nous le renseigne les photos 4 et 5.

Photo 4: Etat des lieux du laboratoire Assurance-Qualité de l'OCC/Kinshasa.

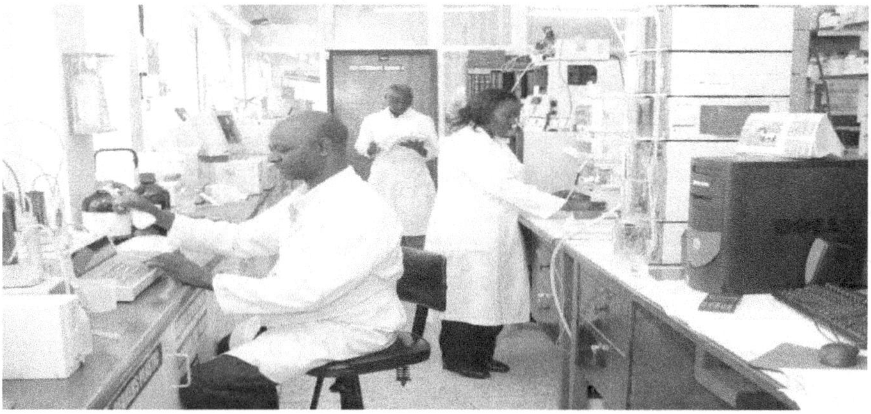

Photo prise à Kinshasa le 17 septembre 2012

Ce laboratoire est un peu équipé avec un personnel formé, travaillant dans un environnement acceptable qui donne confiance aux résultats d'analyse même si il n'a pas encore atteint le standard exigé par l'OMS. Il est aussi important de le comparer avec le laboratoire d'assurance-qualité de l'Inspection provinciale de la pharmacie de Kisangani.

Photo 5: Etat des lieux du laboratoire Assurance-qualité de l'Inspection provinciale de la pharmacie dans la ville de Kisangani

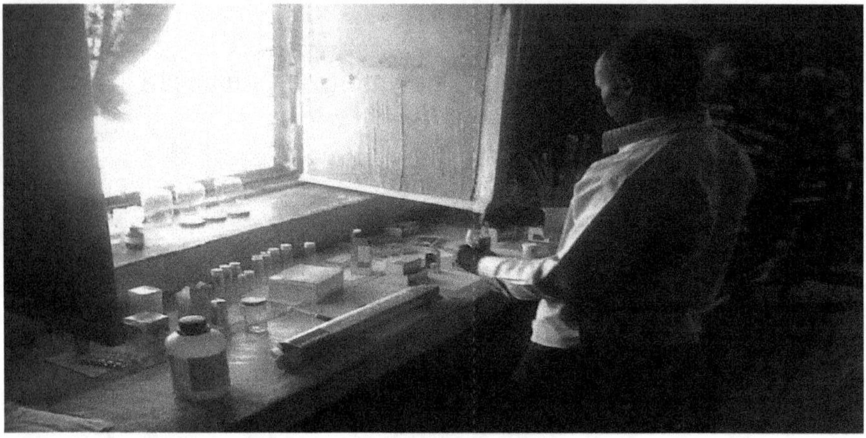

Photo prise à Kisangani le 28 décembre 2012.

En comparaison avec le laboratoire précité, ce dernier laboratoire a une salle non électrifiée, sous équipée, avec un personnel formé mais pas motivé et dans un environnement peu crédible et insalubre malgré le mini-laboratoire performant y installé sans intrants nécessaires.

III.4. Les problèmes majeurs liés à l'accessibilité aux médicaments de qualité en RDC

Le médicament, un maillon essentiel du développement du système de santé, connait des problèmes de la définition de besoins du pays en médicaments, fragmentation des approvisionnements et de la distribution, de disponibilité dans les formations sanitaires, d'accessibilité (économique et géographique) pour la population à cause de multiples taxes sur le médicament considéré comme objet commercial que social, de qualité par manque d'un système rigoureux de contrôle de qualité, de gestion et d'utilisation rationnelle par les prestataires à cause de l'insuffisance de renforcement des capacités de prestataires affaiblissant ainsi le système de santé en RDC.

Pour faire face à cette situation, il a été mis en place le SNAME en sigle, lequel n'intègre pas le système privé[21]. De ce qui précède, les principaux problèmes liés au médicament sont notamment:

1. ***La non fixation de besoins du pays en médicaments, la coexistence de plusieurs systèmes parallèles***

Ce qui rend complexe le circuit d'approvisionnement et de distribution de médicaments dû au fait que le dossier de SNAME n'ait jamais fait l'objet de validation et d'adoption par le Conseil des ministres pour son opposabilité.

L'étude sur la cartographie des approvisionnements réalisée en 2009 a mis à jour un système d'approvisionnement et de distribution complexe avec 19 agences d'approvisionnement, 99 circuits de distribution qui mobilisent 52 partenaires différents et 85% des partenaires financiers utilisant leurs propres agences d'approvisionnement. Dans la plupart des cas, ces approvisionnements sont réalisés sans réel plan d'appui du niveau intermédiaire et périphérique dont les capacités en gestion des médicaments sont très faibles.

Cette fragmentation fragilise l'efficience du SNAME qui n'est pas utilisé par ces différents intervenants. Au niveau de la sélection, seuls 39% des partenaires se basent exclusivement sur la sélection des programmes de santé et des CDR qu'ils appuient. Par ailleurs, l'absence d'une structure et d'un mécanisme de coordination entre le Ministère de la Santé et les partenaires ne permet pas une élaboration optimale du PNAM en fonction des besoins.

---

[21] RDC-SANTE, *Plan national de développement sanitaire,* Kinshasa, Mars 2010, p.44.

Toutes les situations soulevées rendent l'approvisionnement et la distribution des médicaments très complexe.

2. L'absence d'appropriation du SNAME par le Gouvernement

En dépit de la convention signée entre la FEDECAME et le Gouvernement, ce dernier ne semble pas s'approprier le système mis en place[22]. En effet, les ressources financières contenues dans le budget de l'Etat et qui sont destinées à l'approvisionnement en médicaments utilisent un système autre que le SNAME donnant ainsi l'impression que ce dernier, c'est-à-dire le SNAME est mis en place pour l'approvisionnement en médicaments sur ressources extérieures uniquement.

En plus, le système de distribution utilisé par le Gouvernement pour acheminer les médicaments qu'il commande vers les formations sanitaires (généralement sous forme de dons), n'offre aucune possibilité de rationalisation de l'utilisation des médicaments et de pérennisation du système.

La part la plus importante des ressources extérieures destinée au médicament utilise un circuit de commande autre que celui du SNAME. Le Gouvernement mobilise des ressources importantes destinées à la lutte contre les principales endémies telles que le VIH/SIDA, le Paludisme, la Tuberculose. Mais ces fonds ne suivent pas les obligations contenues dans la convention signée avec le Gouvernement.

La non validation et adoption du dossier SNAME par le Conseil des Ministres fait que le Gouvernement ne s'est pas encore approprié le SNAME qui a été institué par le Ministère de la Santé Publique et

---

[22] RDC-SANTE, *Plan national de développement sanitaire,* Kinshasa, Mars 2010, p. 45.

ses partenaires. Les médicaments achetés sur financement public utilisent autre circuit que celui du SNAME qui n'est pas opposable aux opérateurs pharmaceutiques.

3. ***A Kinshasa comme à Kisangani, il y a lieu d'observer la faiblesse dans l'assurance-qualité par l'OCC et Inspection provinciale de la pharmacie***

Ceci se concrétise par l'absence et ou sous équipement d'un laboratoire d'analyse des médicaments du type OMS et les actions menées pour le système d'assurance qualité des médicaments ne parviennent pas à offrir une accessibilité des médicaments de qualité.

4. ***La production nationale des médicaments en RDC intervient pour 10% contre 90% des produits importés***[23].

Cette contreperformance des industries pharmaceutiques nationales s'expliquerait par plusieurs facteurs dont une fiscalité asphyxiante. En plus, la plupart d'entre elles n'ont pas mis à niveau les normes des bonnes pratiques de fabrication.

5. ***Insuffisance de régulation dans le secteur pharmaceutique***

La régulation du secteur pharmaceutique congolais pose d'énormes problèmes. Les lacunes importantes sur les autorisations de mise sur les marchés et d'importations à cause de non-respect de procédures et de la préparation de dossiers techniques fiables, les établissements pharmaceutiques (détaillants) fonctionnent illégalement pour la plupart et de façon anarchique sans suivi ni contrôle de qualité.

[23] Rapport de la revue de la DPM réalisé en 2008-2012 par l'OMS.

La plupart des importateurs et grossistes privés sont hors règles de bonnes pratiques pharmaceutiques. La qualité des médicaments entrant et circulant dans le pays est douteuse, et les laboratoires de contrôle de qualité sont sous équipés mais également souffrent de l'insuffisance du personnel compétent pour le contrôle de qualité.

La prescription et la dispensation sans norme claire définie contribuent à augmenter l'utilisation irrationnelle des médicaments. Le rapport de la revue de la DPM publiée par l'OMS en 2008 indique que la législation et la réglementation pharmaceutique sont incomplètes, inadéquates et non appliquées.

Les deux Inspections provinciales pharmaceutiques (Kinshasa et Kisangani) ne disposent pas de locaux, équipements et un environnement de travail adaptés à ses missions. La disponibilité du médicament dans les formations sanitaires n'est pas garantie même dans les formations sanitaires couvertes par le SNAME.

Cette situation est due d'une part à l'insuffisance du financement destiné au médicament laquelle est liée à la fragmentation de financements, mais aussi à l'absence de l'opposabilité des formations sanitaires au SNAME.

En effet, les différents circuits d'approvisionnement en médicaments qui existent notamment dans le secteur privé, rendent disponibles des médicaments de qualité douteuse, mais à des prix souvent inférieurs à ceux qui sont pratiqués par le SNAME. Les responsables de formations sanitaires semblent être plus intéressés par cette question des prix que par la qualité du médicament.

En plus des problèmes d'accessibilité géographique, il se pose également la question de l'accessibilité financière des populations aux médicaments. Celle-ci semble également très limitée. L'accessibilité financière des populations aux médicaments de qualité n'est pas garantie du fait de la pauvreté et de l'absence de mécanismes de partage de risque.

La disponibilité du médicament dans les formations sanitaires n'est pas garantie, même dans les formations sanitaires couvertes par le SNAME. Cette situation est due, d'une part, à la faiblesse du chiffre d'affaires de la FEDECAME, et d'autre part, à la baisse constante du chiffre d'affaire due à la non fidélisation des formations sanitaires qui préfèrent des médicaments moins chers quelle que soit leur qualité[24].

6. Problèmes liés au financement de la santé

La disponibilité des médicaments génériques est un problème majeur en RDC car elle est très faible dans les secteurs tant publics que privés. Les secteurs public et confessionnel présentent une disponibilité très faible en MEG, plus ou moins 55,6% en 2008. Le secteur confessionnel affiche une disponibilité de 38,5% contre 61,5% du secteur privé en ce qui concerne les MEG. D'ailleurs, c'est ce secteur privé qui comble le vide laissé par le secteur public.

Sauf quelques médicaments dans le secteur public, tels que les vaccins dans le PEV, les antituberculeux, les ARVs, les moustiquaires imprégnées d'insecticide, presque tous les médicaments sont payés par les malades ou leurs membres de famille. Le système de mutuelle ou d'assurance maladie n'est pas encore développé en RDC.

Dans le secteur public, le financement pour l'approvisionnement en MEG est en progression depuis quelques années avec création du SNAME, l'arrivée du Fonds Mondial, de la Banque Mondiale etc.

---

[24] RDC-SANTE, *Plan national de développement sanitaire,* Kinshasa, Mars 2010, p.46.

Dans le secteur confessionnel, surtout les ONG, les approvisionnements se font surtout par de donations et l'autofinancement par recouvrement de coûts[25]. Les privés commerciaux sont financés par des fonds propres et de crédits accordés par le secteur financier et bancaire.

Après la décennie 80, malgré le déclin général du financement public, le système a fonctionné assez valablement jusqu'au début des années 90, période à partir de laquelle, le pays a connu des crises multiformes, provoquant une compression drastique des financements publics. Le financement extérieur et les recettes du recouvrement des coûts ont permis le maintien d'une offre minimale des services de santé, mais de faible qualité.

Cette situation de désengagement de l'Etat dans le financement du secteur de la santé depuis 1987 a conduit à la perte progressive du leadership de l'Etat. Les allocations de l'Etat sont demeurées insuffisantes par rapport aux besoins réels et aux engagements internationaux.

Les problèmes que pose le budget de l'Etat consacré à la santé sont de quatre ordres:

- Le budget reste faible par rapport aux besoins et aux engagements internationaux, son taux d'exécution est également faible,
- L'affectation de ce budget ne prend pas toujours en compte les priorités du secteur. En effet, le budget de l'Etat consacré à la santé est affecté en dehors de tout processus de priorisation dans le secteur. La ZS par exemple, unité opérationnelle de la politique nationale de la santé n'est toujours pas prise en compte dans le budget de l'Etat consacré à la santé,

[25] RDC, Rapport *narratif : Profil pharmaceutique de la RDC,* Kinshasa, juin 2011, p. 28.

- Le Ministère de la santé n'est pas associé dans la fixation des enveloppes, l'élaboration du plan d'engagement ainsi que du plan de trésorerie,
- La passation des marchés publics étant centralisée à la commission d'adjudication qui siège au ministère du Budget, le ministère de la Santé éprouve des difficultés pour assurer la qualité des biens et services qui sont acquis sur fonds domestiques d'une part et, d'autre part, il subit de façon passive des répercussions liées à de longues procédures sur lesquelles il n'a aucun pouvoir.

En définitive, l'analyse globale et approfondie de l'approvisionnement en médicaments en RDC a fait ressortir les problèmes majeurs notamment:

- La couverture insuffisante des formations sanitaires en médicaments et autres consommables essentiels,
- La circulation des médicaments de qualité et d'origine douteuse,
- L'insuffisance de la production nationale des médicaments essentiels,
- L'existence des circuits d'approvisionnement parallèle au SNAME,
- L'insuffisance du système d'assurance de qualité et du système OMS de certification,
- Le faible financement des médicaments.

Afin d'éviter ces problèmes, il faudra:

- assurer la qualité des médicaments par l'implantation d'un système d'homologation, la création d'un laboratoire de contrôle de qualité, l'application du système OMS de certification, le renforcement des inspections pharmaceutiques;

- améliorer l'accessibilité économique aux médicaments essentiels génériques par le respect strict de la centralisation dans l'acquisition;
- procéder au contrôle et à l'assurance-qualité des médicaments;
- procéder à l'exemption de droit, taxes douaniers et administratifs sur les médicaments essentiels génériques acquis conformément au SNAME;
- exonérer les matières premières et intrants et autres accessoires de conditionnement entrant à la production des MEG;
- responsabiliser le ministère ayant la santé dans ses attributions à procéder au contrôle régulier des prix des médicaments dans les réseaux public, privé et confessionnel tel que repris dans les dossiers d'homologation et d'enregistrement.

Tous les problèmes majeurs soulevés ne peuvent en aucun cas favoriser l'accès aux médicaments de qualité pouvant garantir le droit à la santé des consommateurs des médicaments.

Tout compte fait, nous attendons également faire le diagnostic du droit à la santé dans l'exercice de la profession des pharmaciens d'officine dans les villes de Kinshasa et de Kisangani en comparaison des lois qui régissent la matière et au regard des normes pharmaceutiques qui gouvernent l'accès à la profession des pharmaciens d'officine et la tenue régulière d'une officine pharmaceutique.

CHAPITRE II :

De la criminalité pharmaceutique en République Démocratique du Congo

La criminalité étant l'ensemble des actes infractionnels, commis dans un milieu donné, à une époque donnée, elle est donc la transgression des normes juridiques d'un système social. Ce chapitre entend présenter l'inventaire des infractions constitutives de la criminalité pharmaceutique en RDC.

La démarche consiste ici à relever les différentes infractions commises dans le circuit de médicaments allant de la fabrication à la consommation en passant par la distribution de manière à envisager les techniques de lutte contre ce fléau.

Ces assignations ne seront atteintes que grâce à l'analyse successive sur la problématique de la lutte contre la contrefaçon pharmaceutique en RDC (I), sur les autres incriminations menaçant la santé publique (II), la criminalité pharmaceutique dans la responsabilité juridique du pharmacien (III) ainsi que sur la technique de lutte contre la criminalité pharmaceutique en RDC (IV).

I. La problématique de lutte contre la contrefaçon pharmaceutique en RDC

Dans la plupart de pays du monde, la contrefaçon s'emploie lorsqu'il y a violation des droits de propriété intellectuelle en référence à l'Accord sur les Aspects des Droits de Propriété Intellectuelle qui touchent au Commerce (ADPIC, 1994)[26].

Dans le cas de la contrefaçon pharmaceutique, certaines législations se sont également dotées de textes apportant une définition précise des médicaments concernés par cette appellation. Les versions étant très variables d'un pays à l'autre, l'OMS, dans un souci d'homogénéisation, a été amenée à donner sa propre définition du médicament contrefait.

I.1 La définition juridique de la contrefaçon liée aux droits de propriété intellectuelle

L'un des principaux cadres de régulation multilatérale de droits de propriété intellectuelle est défini par l'accord sur les ADPIC de l'OMC. Cet accord fixe des standards minima auxquels s'obligent les États-membres en matière de législation sur la propriété intellectuelle en prévoyant des moyens concrets de les faire respecter.

Cependant, ce texte n'utilise le terme «contrefaçon» qu'à l'article 61 qui dispose: «*Les membres prévoiront des procédures pénales et des peines applicables pour les actes délibérés de contrefaçon de marque de fabrique ou de commerce...*». C'est donc aux États eux-mêmes de définir ce qu'est une contrefaçon, les critères qui y sont applicables ainsi que leur système juridique de répression.

---

[26] OMC, *Accord sur les aspects des droits de propriété intellectuelle qui touchent au commerc*e. Annexe 1C de l'Accord de Marrakech du 15 avril 1994 instituant l'OMC.

En RDC, la contrefaçon se définit comme l'utilisation sans le consentement du titulaire des droits sur la propriété intellectuelle (propriété industrielle[27] et/ou droits d'auteur[28]).

Elle consiste donc à reproduire sans autorisation les éléments essentiels et caractéristiques d'une marque, d'un dessin et modèle industriel, d'une œuvre artistique, d'un droit d'auteur ou d'un brevet et à créer ainsi une confusion dans l'esprit du consommateur, même s'il subsiste quelques différences mineures et même si son auteur est de bonne foi.

Toute atteinte portée sciemment aux droits du breveté, tels que définis aux articles 4, 48, 56 et 67 de la loi sur la propriété industrielle, constitue une infraction de contrefaçon qui engage la responsabilité tant pénale que civile de son auteur29. Notons que les faits antérieurs à la publication du brevet pharmaceutique ne constituent pas une contrefaçon et ne peuvent motiver une condamnation au civil.

L'action en contrefaçon est engagée par l'industrie pharmaceutique brevetée. Toutefois, le titulaire d'une licence exclusive est également recevable à agir en contrefaçon dans les limites du préjudice qu'il a subi à moins que le breveté ne se soit réservé les prérogatives de l'action en contrefaçon. Dans tous les cas, le titulaire d'une licence exclusive n'est recevable à agir en contrefaçon que si, après une mise en demeure, le breveté n'exerce pas cette action.

Contrairement à la procédure pénale de droit commun qui n'admet pas l'hypothèse d'une intervention volontaire en cours d'instance, la loi n°82-001 du 7 janvier 1982 régissant la propriété

[27] Loi n° 82-001 du 7 janvier 1982 régissant la propriété industrielle.
[28] Loi n° 86-033 du 5 avril 1986 sur les droits d'auteur et les droits voisins.
[29] Loi n° 82-001 du 7 janvier 1982, *op. cit*, article 88.

industrielle, en tant que loi spéciale, prévoit la possibilité pour le breveté d'intervenir dans l'instance en contrefaçon engagée par la licence.

De même, tout licencié exclusif est recevable d'intervenir dans l'instance en contrefaçon engagée par le breveté afin d'obtenir la réparation du préjudice qu'il aurait subi.

Signalons que les personnes jouissant de l'action en contrefaçon peuvent faire prendre par ordonnance du tribunal compétent des mesures conservatoires, notamment faire procéder, assisté ou non d'experts de leur choix, à la description détaillée avec ou sans saisie des objets prétendus contrefaits. Cette ordonnance est rendue sur simple requête au vu des titres justificatifs.

La saisie réelle donne lieu au paiement préalable d'un cautionnement dont le montant est fixé par la mesure d'exécution. A défaut pour le requérant de saisir la juridiction compétente dans un délai maximum de 3 mois à compter de la date de notification de l'ordonnance dont question ci-dessus, la saisie est nulle de plein droit sans préjudice des dommages et intérêts qui peuvent être réclamés[30].

Le délit de contrefaçon est passible, conformément à l'article 93 de la loi précitée, d'une peine de servitude de 1 à 6 mois et d'une amende dont le montant est fixé par les mesures d'exécution ou d'une de ces peines seulement. En cas de récidive, le contrefacteur est puni du double des peines maxima prévues.

Et il y a récidive, *in specie*, lorsque le prévenu a déjà encouru au cours de 6 dernières années une condamnation du chef de contrefaçon.

---

[30] Loi n° 82-001 du 7 janvier 1982 *op.cit.*, article 92.

Notons que :

- l'action publique pour contrefaçon ne peut être exercée par le ministère public que sur demande de la partie lésée;
- l'action civile fondée sur la contrefaçon n'est recevable que si l'infraction de contrefaçon est établie pénalement;
- lorsque l'action en contrefaçon aboutit, le tribunal compétent ordonne cessation par le contrefacteur de toute activité portant atteinte aux droits de la partie lésée;
- à la demande de celle-ci, le tribunal pourra lui allouer des dommages et intérêts pour préjudice subi et ordonner à son profit la confiscation des objets reconnus contrefaits et le cas échéant, celle des instruments ou ustensiles destinés spécialement à leur fabrication.

Cependant, certains actes assimilés à la contrefaçon ou la piraterie par les non professionnels relèvent en fait du parasitisme ou de la concurrence déloyale[31] et n'affectent pas directement un droit de propriété intellectuelle.

Ainsi l'imitation de l'apparence d'un produit peut être sanctionnée au titre du parasitisme. Elle est, cependant, assimilée à un acte de concurrence déloyale lorsque le comportement parasitaire concerne des entreprises en situation de concurrence.

I.2. Les définitions juridiques de la contrefaçon pharmaceutique

En RDC, il n'existe pas, à l'heure actuelle, de textes législatifs spécifiques définissant et sanctionnant la contrefaçon pharmaceutique

---

[31] OMPI, *Convention de Paris pour la protection de la propriété intellectuelle du 20 mars 1883,* révisée à Bruxelles le 14 décembre 1900, à Washington le 2 juin 1911, à La Haye le 6 novembre 1925, à Londres le 2 juin 1934, à Lisbonne le 31 octobre 1958 et à Stockholm le 14 juillet 1967, et modifiée le 28 septembre 1979, article 10 bis.

en tant que telle. Seuls sont disponibles ceux qui traitent de la contrefaçon en général, définie comme violation d'un droit de propriété intellectuelle.

La question de l'étude ne relève pas du cas général, bien au contraire, puisqu'un grand nombre de pays ont décidé d'adjoindre à leur législation une définition de la contrefaçon appliquée aux médicaments. Afin d'illustrer les difficultés d'harmonisation rencontrées dans ce domaine, l'OMS a tenté de donner une définition uniforme.

I.2.1. La contrefaçon pharmaceutique selon l'OMS

Comme le rappelle l'OMS, l'absence d'une définition universellement acceptée rend les échanges d'informations entre les pays très difficiles, limite la capacité à appréhender la réelle étendue du phénomène au niveau mondial, et entrave le développement de stratégies globales pour combattre le problème[32].

Pour pallier à ce silence, l'OMS a donc décidé de donner sa propre définition du médicament contrefait, définition née en 1992 dans le cadre d'une réflexion conjointe menée par les représentants de l'industrie pharmaceutique et les experts internationaux en santé publique.

Ainsi, un médicament contrefait est celui qui est *délibérément et frauduleusement* muni d'une étiquette n'indiquant pas son identité et/ou sa source véritable. Il peut s'agir d'une spécialité ou d'un produit générique, et parmi les produits contrefaits, il en est qui contiennent de bons ou mauvais ingrédients, ou bien encore pas de principe actif et il en est d'autres où le principe actif est en quantité insuffisante ou dont le conditionnement a été falsifié.

---

[32] OMS, *Guide pour l'élaboration de mesures visant à éliminer les médicaments contrefaits*, Genève: OMS, 1999, p. 20.

Cette définition n'est pas une disposition de droit positif car elle n'est pas contraignante. Cependant, tous les pays du monde, membres ou non de l'OMS, ont vivement été invités à s'en inspirer afin d'uniformiser la pratique au niveau interne.

I.2.2. La violation des droits de propriété intellectuelle: vision réductrice de la contrefaçon pharmaceutique

La contrefaçon est conçue ici comme une atteinte au droit de la propriété intellectuelle afférant à un produit et non pas comme falsification délibérée et frauduleuse de celui-ci.

Même si cette définition a donné aux industriels des moyens pour protéger leurs intérêts, elle s'avère encore très insuffisante dans ce domaine, et tout à fait inadaptée pour protéger le consommateur, en particulier lorsqu'il s'agit de médicaments.

En effet, cette définition réductrice ne couvre pas l'ensemble des actes frauduleux qui peuvent porter atteinte à la santé publique et ne prend pas non plus en compte les normes particulières de qualité et de traçabilité que doivent respecter les médicaments.

Sur l'étiquetage de certains médicaments, nous pouvons constater la présence de mentions délibérément erronées concernant l'origine du produit, sans qu'il y ait copie ou imitation connue d'un autre produit.

Les noms et adresses des entreprises pharmaceutiques indiquées sur les médicaments peuvent être factices. Ce stratagème sert sans doute à donner une bonne image du produit et une fausse impression de sécurité aux consommateurs. Dans ces cas-là, le nom du fabricant ne figure jamais en clair sur la boîte mais est juste identifiable par un code.

Ces seules mentions ne peuvent permettre à un patient, dont les connaissances en matière de médicaments sont très faibles voire nulles, de contacter le fabricant en cas d'effets indésirables. De nos jours, cette situation est commune dans les pays où les procédures d'enregistrement des médicaments sont défaillantes et où certaines mentions figurant sur l'étiquetage ne sont pas vérifiées.

L'existence de ces médicaments difficilement traçables fait courir de grands risques aux consommateurs. Même dotés de règles strictes en matière d'étiquetage des médicaments, certains pays sont touchés par ce problème du fait de l'existence de marchés illicites. Il semble plus que nécessaire de mettre en place une convention internationale qui harmoniserait la législation en matière d'étiquetage.

Chaque pays produisant ou commercialisant un médicament devrait vérifier l'existence et la légitimité de chaque industrie dont le nom apparaît sur l'emballage. Ce qui nécessiterait bien sûr que toutes les activités ayant trait aux médicaments soient enregistrées régulièrement.

Certains médicaments peuvent porter intentionnellement sur leur emballage de faux numéros d'enregistrement du médicament ou de faux numéros de licences. Ces produits ne peuvent être autorisés car ils sont par essence hautement préjudiciables pour le patient[33]. Cependant, il faut noter que les activités pour lesquelles une autorisation ou une licence est nécessaire varient d'un pays à l'autre.

C'est le cas des industries faisant seulement du commerce à l'étranger ou bien encore des entreprises qui importent un produit pour le commercialiser dans un pays tiers. Dans le cas où l'industrie n'est

---

[33] OMS, *Guide pour l'élaboration de mesures visant à éliminer les médicaments contrefaits*, Genève, 1999, p. 21.

pas connue des administrations pharmaceutiques, la seule solution est alors de consulter le registre du commerce dans le pays où elle est censée se trouver.

Il peut s'agir aussi parfois d'imitations illicites de médicaments génériques qui sont sans marque. L'industriel lésé, s'il souhaite se défendre, peut éventuellement mener des actions en responsabilité civile pour obtenir des dommages et intérêts, mais celles-ci peuvent s'avérer incertaines et coûteuses.

Quant aux consommateurs, les médicaments contrefaits leur portent préjudice et violent des droits de propriété intellectuelle et droit à la santé. En effet, ils peuvent confondre le médicament contrefait avec la marque authentique, ou bien penser qu'il est fait par le fabricant de la marque et/ou associer les qualités du médicament contrefait à celles de la marque authentique.

I.2.3. Les autres définitions de la contrefaçon pharmaceutique

i. Médicaments contrefaits et détournement des médicaments

Un médicament contrefait peut aussi être considéré médicament non enregistré dans le pays où il est commercialisé. Or, ce problème ne concerne pas directement le produit lui-même. L'acte illégal, ici, n'est pas dans la conception du médicament mais dans sa mise sur le marché. N'importe quel produit parfaitement authentique et de bonne qualité peut être ainsi détourné de son lieu de commercialisation sans que les propriétaires en aient connaissance.

Si, ni la nature ni l'origine du médicament n'ont été falsifiées, celui-ci ne peut être qualifié de contrefait. Ce type d'importations frauduleuses, appelé détournement, est cependant un acte qui viole les droits du propriétaire et qui, de ce fait, doit être condamné. Il est aussi vrai que le détournement est connu pour favoriser l'introduction de médicaments contrefaits sur le marché pharmaceutique.

ii. Médicaments contrefaits et médicaments non-conformes

Trois concepts différents se dégagent des définitions précédentes: celui de la qualité du médicament, de la légalité du produit, et de l'intention frauduleuse. Les définitions complètes introduisent le concept de l'intention frauduleuse afin de différencier les médicaments non-conformes, mais provenant de fabricants authentiques et de bonne foi, des médicaments non-conformes contrefaits.

Sans ce critère, les définitions amalgament donc ces deux catégories et rendent alors synonymes mauvaise qualité et contrefaçon. Or, bien que ces deux termes soient souvent liés, c'est loin d'être toujours le cas.

Selon l'OMS, la qualité du médicament est déterminée par son efficacité et son innocuité, en accord avec ce qui est indiqué sur l'étiquette et par sa conformité aux spécifications concernant son identité, sa pureté et d'autres caractéristiques[34]. Ainsi, les médicaments non-conformes sont des produits dont la composition et les principes ne répondent pas aux normes scientifiques et qui sont par conséquent inefficaces et souvent dangereux pour le patient.

Les médicaments de mauvaise qualité peuvent avoir de multiples origines[35]:

---

[34] OMS Glossary: quality of pharmaceutical products, disponible sur: www.who.int. visité le 04 janvier 2014.

[35] CHEVREUL K. *et al.* Le contrôle de qualité des médicaments: une procédure de sélection adaptée aux ressources disponibles. Le cas des anti-infectieux à Madagascar, *in Colloque "Les Journées des Economistes Français de la Santé"*, *"Santé et Développement"*, Clermont-Ferrand, Paris, 2004, p. 150.

- L'une d'entre elles est bien sûr la ***contrefaçon***, acte délibéré et illégal de falsification à but lucratif.
- Mais nous trouvons aussi la ***malfaçon***, liée à de mauvaises conditions de fabrication et/ou de mauvais systèmes d'assurance qualité et de contrôle de la qualité. Au contraire de la contrefaçon, la malfaçon ne résulte pas d'une falsification volontaire, mais d'une négligence, d'une erreur humaine, d'une insuffisance financière ou bien encore du manque de personnel qualifié.
- Enfin, il ne faut pas oublier les ***dégradations*** postérieures à la mise sur le marché pharmaceutique, causées majoritairement par de mauvaises conditions de transport ou de stockage, assez fréquentes dans les pays en voie de développement.

La mauvaise qualité d'un produit n'est donc pas toujours due à la contrefaçon. Il est par conséquent tout à fait abusif de qualifier de ce même terme les irrégularités dues à des déficiences humaines et économiques involontaires et celles causées par des falsifications délibérées et illégales, même si dans les deux cas les conséquences sur la santé peuvent être particulièrement graves.

iii. Une définition vague de l'OMS

Bien que l'OMS ait tenté d'harmoniser les pratiques en proposant une définition commune et pertinente du médicament contrefait, celle-ci demeure encore vague et laisse de place à l'interprétation. En effet, les termes qui y sont employés, «identité» et «source», ne sont pas clairs et, en fonction des personnes, peuvent être perçus au sens strict ou au sens large.

En résumé, ce qui rend un médicament contrefait selon l'OMS, ce n'est pas sa qualité mais le fait qu'il ait été mis sur le marché de façon délibérée et frauduleuse alors qu'il était porteur d'anomalies concernant son identité ou sa source.

De ce point de vue, la détection des contrefaçons n'est donc évidemment pas possible si l'on se contente de simples méthodes de laboratoire.

I.2.4. L'ampleur de la contrefaçon pharmaceutique

I.2.4.1. Données quantitatives.

Faute d'une étude globale sur la question, il est difficile de donner une estimation chiffrée du taux de contrefaçon de médicaments dans le monde et en RDC, d'autant que les données sont variables selon les sources disponibles et qu'elles englobent parfois les médicaments contrefaits et ceux de mauvaise qualité. Toutefois, le pourcentage de contrefaçon dans le marché mondial du médicament serait estimé entre 10 à 15%[36].

Par ailleurs, l'OMS estime que jusqu'à 25% des médicaments consommés dans les pays en voie de développement seraient contrefaits ou non-conformes. Il existe différentes raisons pour expliquer une telle différence avec les pays développés. Les principales sont l'absence de législation, la faiblesse des actions du pouvoir public et des autorités nationales de régulation pharmaceutique, de la réglementation dans les pays exportateurs, et le manque de rigueur dans l'application des réglementations existantes comme celles sur la propriété intellectuelle.

---

[36] COCKBURN R. *et al.*. *The global threat of counterfeit drugs: why industry and governments must communicate the dangers*. 14 mars 2005.

L'OMS estime ainsi que 30% des pays en voie de développement n'ont pas de régulation pharmaceutique et que 50% sont en train d'en développer une[37]. De plus, la faiblesse des sanctions pénales encourues n'est pas de nature à pouvoir dissuader les contrefacteurs d'exercer un commerce aussi lucratif.

En fait, dans de nombreux pays, les peines sont plus faibles pour ceux qui font du trafic de médicaments contrefaits que pour ceux qui font du trafic de drogues, ce qui a encouragé le crime organisé à en faire une véritable industrie.

Enfin, le prix élevé des médicaments par rapport au niveau local de vie ou l'existence de différentiels de prix importants favorise aussi l'entrée des médicaments contrefaits à meilleur marché dans les pays en voie de développement comme la RDC.

I.2.4.2. Distribution géographique

Aucune étude n'a été réalisée jusqu'ici pour démontrer l'ampleur de la contrefaçon pharmaceutique sur sa distribution géographique en RDC. Par ailleurs, les gouvernements sont parfois très réticents à l'idée de rendre publique les informations relatives à la contrefaçon dans leur pays car cela pourrait faire courir de grands risques à certains patients qui, par peur de faux médicaments, seraient enclin à cesser de prendre un traitement authentique.

Il est fort probable que les gouvernements craignent une remise en question de l'efficacité de leurs institutions de contrôle. Dans certains cas extrêmes, la corruption serait à l'origine de ce silence, les officiels étant eux-mêmes impliqués dans le commerce des contrefaçons.

---

[37] OMS, Counterfeit medicines. Overview, disponible sur: www.who.int/medicines/organization visité le 04 janvier 2014.

Cependant, les principales sources mondiales de contrefaçons de médicaments sont désignées comme étant la Chine et l'Inde[38]. Bien qu'un récent rapport ait estimé que seulement 15 à 20% des médicaments vendus en Inde seraient contrefaits, ce pays serait responsable de 35% de la production mondiale de médicaments contrefaits ou non-conformes, et serait avec la Chine les plus grands exportateurs de faux médicaments notamment en direction de l'Afrique, de l'Asie du Sud-est et de la Russie.

En Chine, entre 40 et 50% des médicaments produits seraient des contrefaçons, atteignant même 85% pour certaines spécialités. Il y a lieu de rapporter que certains marchés africains pourraient abriter jusqu'à 60% de médicaments contrefaits[39].

I.3. Les médicaments cibles de la contrefaçon pharmaceutique

Les médicaments ciblés par les contrefacteurs varieraient en fonction des pays où les produits sont destinés à être commercialisés. Ainsi, dans les pays en voie de développement, les médicaments utilisés dans le traitement des maladies engageant le pronostic vital (VIH, tuberculose, paludisme) seraient principalement touchés par la contrefaçon.

Les antibiotiques, les antipaludéens ou bien encore les médicaments du système respiratoire seraient les classes thérapeutiques les plus concernées. C'est le cas de l'amoxicilline et de l'ampicilline.

---

[38] MOREAU J., *L'Inde produit un tiers des contrefaçons mondiales,* La Tribune, 4 juin 2003.

[39] Les pays du tiers-monde sont les victimes d'un trafic criminel de faux médicaments. La contrefaçon pharmaceutique peut atteindre 60% du marché dans certains pays d'Afrique. *Le Monde,* 26 octobre 1996.

I.4. La nature des risques de santé liés aux médicaments contrefaits non-conformes

Tous les médicaments de mauvaise qualité sont potentiellement sources de danger pour la santé des consommateurs. Les risques sont les mêmes pour les médicaments contrefaits ou authentiques.

Tout d'abord, la découverte de médicaments contrefaits survenant souvent tardivement après leur mise sur le marché, il n'est pas toujours possible pour les autorités sanitaires de retrouver les produits intacts ou même parfois les consommateurs auxquels ils ont été délivrés. La qualité du produit contrefait ne peut donc pas être analysée, ce qui ne permet pas d'affirmer avec certitude l'existence de liens entre le médicament et d'éventuels effets sur la santé déclarés *a posteriori* par les victimes.

De même, devant un cas clinique évocateur d'un problème lié à la qualité du médicament administré, le praticien peut avoir des soupçons mais, le produit ayant souvent déjà été utilisé entièrement, ceux-ci ne peuvent être confirmés.

Faute de cas concrets en nombre suffisant, les effets sur la santé des médicaments contrefaits relèvent en majeure partie du domaine de l'hypothèse. Théoriquement, ces médicaments sont susceptibles de présenter n'importe quel type de non-conformité, tout comme les médicaments authentiques. Cinq grandes catégories de non-conformité ont été retenues, chacune étant illustrée par quelques exemples de médicaments contrefaits répondant aux mêmes critères[40].

i. Les problèmes de dosage

---

[40] CANDICE Legris, *op. cit*, p. 37.

Le sous-dosage en principe actif peut entraîner des échecs thérapeutiques, allonger la durée de contagiosité, conduire à l'aggravation de la maladie et augmenter le coût des traitements et donc parfois les problèmes d'observance. De plus, dans le cas des antibiotiques, le risque de développer des résistances est considérablement augmenté; ce qui a des répercussions non seulement sur l'individu lui-même, mais aussi sur la population dans l'ensemble.

L'absence totale de principe actif augmente évidemment la morbidité et la mortalité dues à la maladie à raison de l'inefficacité thérapeutique[41]. A titre illustratif, tel est le cas de l'artésunat, la spectinomicyne, la quinine et l'amoxicilline.

Photo 6: Analyse de l'artésunat au Mini laboratoire de Kisangani.

Constat: absence de la molécule et le lot suspect a fait l'objet de retrait de quelques officines de la ville de Kisangani.

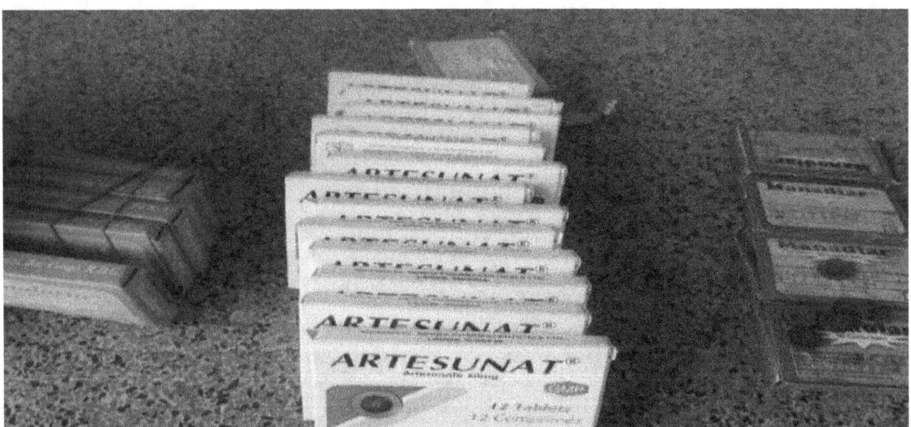

Photo prise à Kisangani le 28 décembre 2012.

[41] HAMEL I, Alerte: les faux médicaments pullulent. *in L'Hebdo,* 20 mars 1997, p. 20.

Photo 7: Analyse de l'amoxicilline au Mini laboratoire de Kisangani.

Constat: absence de la molécule et le lot suspect a fait l'objet de retrait de quelques officines de la ville de Kisangani.

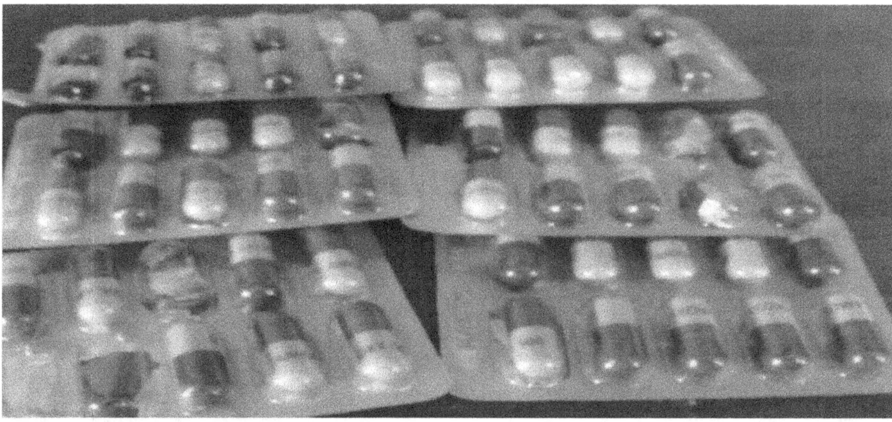

Photo prise à Kisangani le 28 décembre 2012.

Photo 8: Analyse de la Spectinomicyne inj 2g(TROBICIN) au Minilab à Kisangani, Lot n° PO4505.

Constat: absence de la molécule, jusqu'à ce jour, le produit se retrouve toujours sur le marché et fait progressivement l'objet de retrait des officines.

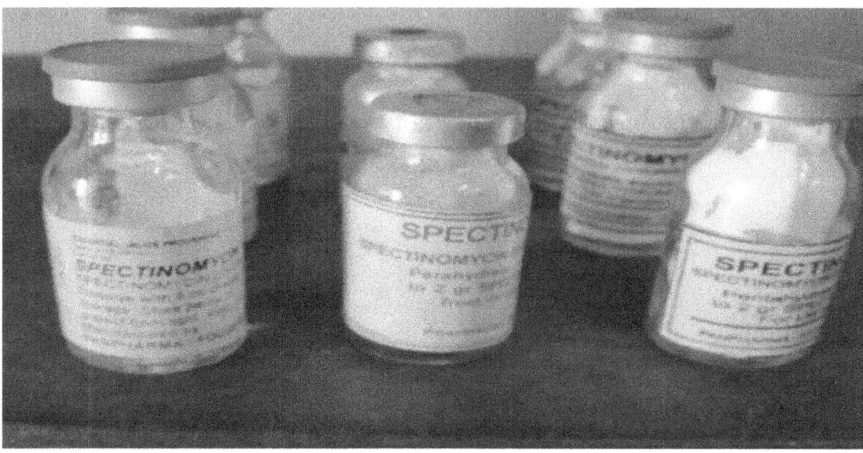

Photo prise à Kisangani le 28 décembre 2012.

Photo 9: Analyse de la Quinine goutte de PROMED, lot 180811 et de Pharmakina, lot -0024.

Constat: absence de la molécule et le lot suspect a fait l'objet de retrait de quelques officines de la ville de Kisangani.

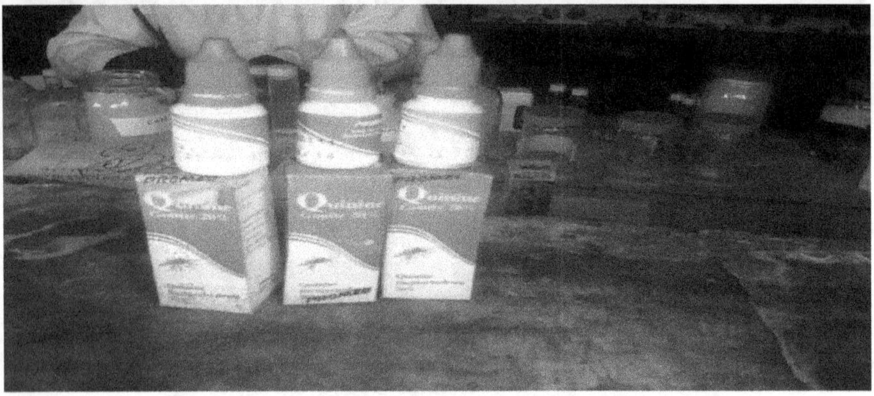

Photo prise à Kisangani le 28 décembre 2012.

Photo 10: Analyse de la Quinine goutte de PHARMAKINA, lot - 0024

Constat : absence de la molécule et le lot suspect a fait l'objet de retrait de quelques officines de la ville de Kisangani.

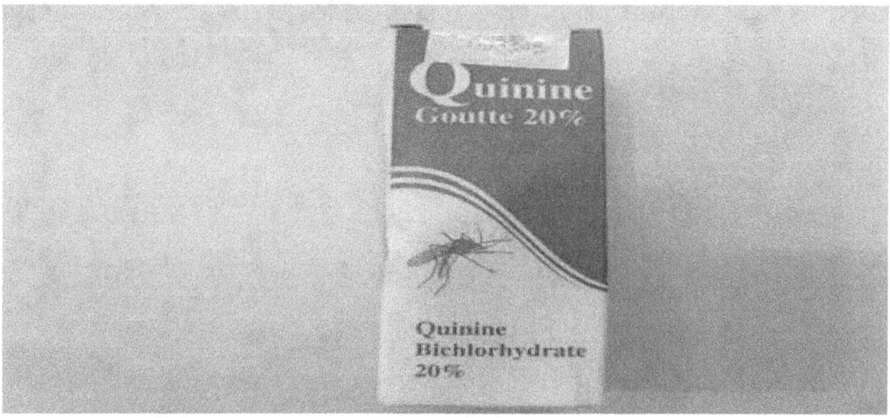

Photo prise à Kisangani le 28 décembre 2012.

Photo 11: Analyse de la Cotrimoxazole, lot 200T04

Constat: Absence du principe actif (Paracétamol enrobé d'une couche épaisse de cotrimoxazole) retiré du marché de Kisangani.

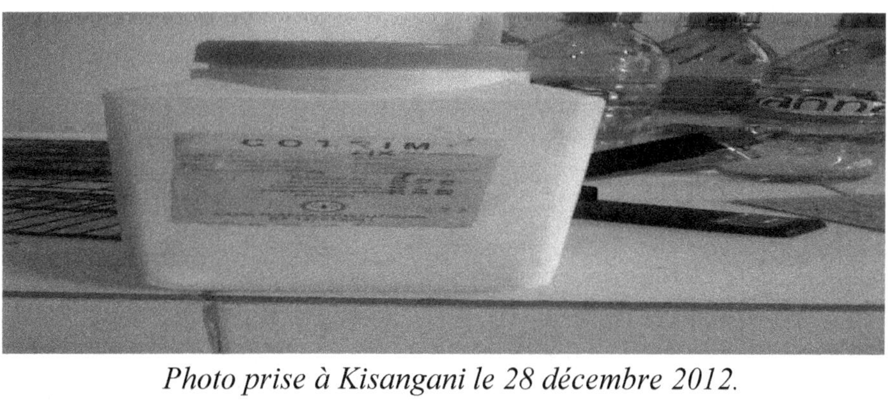

Photo prise à Kisangani le 28 décembre 2012.

Photo 12: Analyse de la Quinine sulfate de 500 mg

Constat: présentant de forme incorrecte et en moyenne 335 mg. Donc, il y a sous dosage de la molécule de quinine.

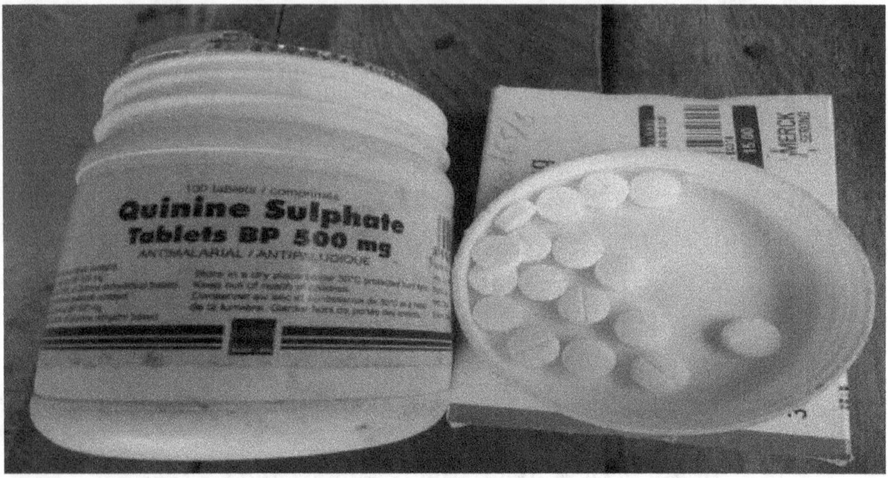

Photo prise à Kisangani le 28 décembre 2012.

ii. Les problèmes de composition

Dans le cas des médicaments dont le principe actif est différent de celui indiqué sur l'étiquetage, nous pouvons nous attendre à diverses conséquences telles que l'inefficacité thérapeutique, la survenue d'éventuels effets indésirables ainsi qu'une probabilité accrue d'overdoses (le cas de paracétamols en forme de bactrim et vendus comme tels).

Les médicaments incluant des substances actives en plus de celles indiquées sur l'étiquetage sont dangereux car ils augmentent les risques d'interaction médicamenteuse ou de surdosage, les risques d'allergie et la survenue d'autres effets indésirables plus ou moins graves dont les potentiels effets indésirables sont la dépression, la perte osseuse, les fractures spontanées, les saignements gastro-intestinaux ou bien même le coma.

ii. Les problèmes de contaminants microbiologiques et chimiques

Certains médicaments dont la fabrication ne respecte pas les bonnes pratiques de fabrication peuvent faire l'objet de contaminations microbiennes. Le risque d'infections est alors fortement augmenté, en particulier chez les patients fragiles, ou si le médicament est administré par voie invasive (intraveineuse, intramusculaire, intraoculaire...).

Les contaminants chimiques peuvent être nocifs. A certaines concentrations, les patients risquent de développer des intoxications aiguës, chroniques parfois mortelles. Les impuretés issues du principe actif, des excipients ou de la fabrication du produit pharmaceutique final doivent être retrouvées à des concentrations inférieures aux normes imposées par la réglementation. Bien que certains médicaments aient été suspectés, la nature délictueuse du non-respect de certaines procédures d'assurance qualité est parfois difficilement évaluable.

iii. Les problèmes de stabilité

Les produits dont les études de stabilité n'ont pas été correctement réalisées et ceux dont les dates de péremption sont dépassées mais qui ont été frauduleusement étiquetés de façon à étendre leur durée de vie présentent deux dangers:

- Le 1er danger est dû à la possible apparition de produits de dégradation très toxiques comme dans le cas de tétracycline responsable de lésions tubulaires rénales,

- Le 2ème danger est l'éventuelle diminution de l'efficacité thérapeutique du médicament, phénomène particulièrement risqué lorsque la marge thérapeutique est étroite.

Photo 13: Hiconcil du lot n°OC61055

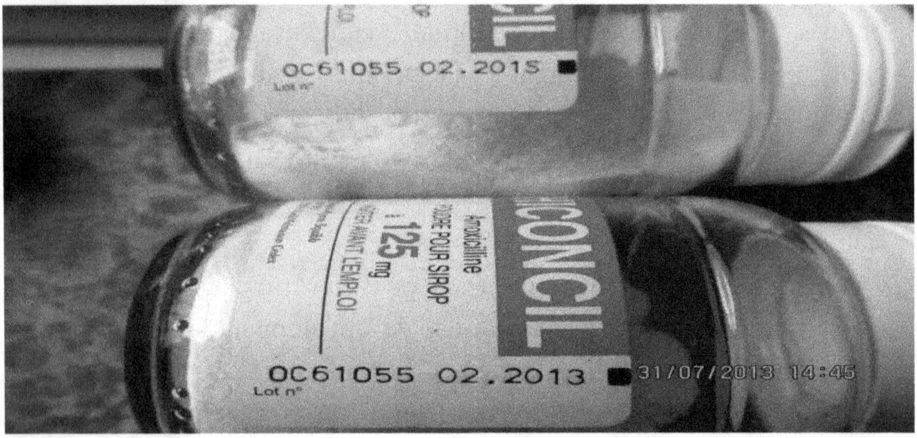

HICONCIL sp 125mg du laboratoire Bristol-Myers Squibb présente sur un flacon deux dates d'expiration. Remarquons aussi les deux flacons de Hiconcil souvent pour le même lot n°0C61055 avec les dates de péremption différentes.

Photo 14: Zithromax sp du lot 96420204

Une suspension d'azithromycine dosée à 200mg dans 5ml, un lot vendu librement dans les pharmacies, pourtant la contrefaçon parait clairement sur le carton d'emballage et sur l'étiquette du flacon, pour le numéro de Lot 96420204, la date de péremption normale de 09/2012, falsifiée à 09/2014.

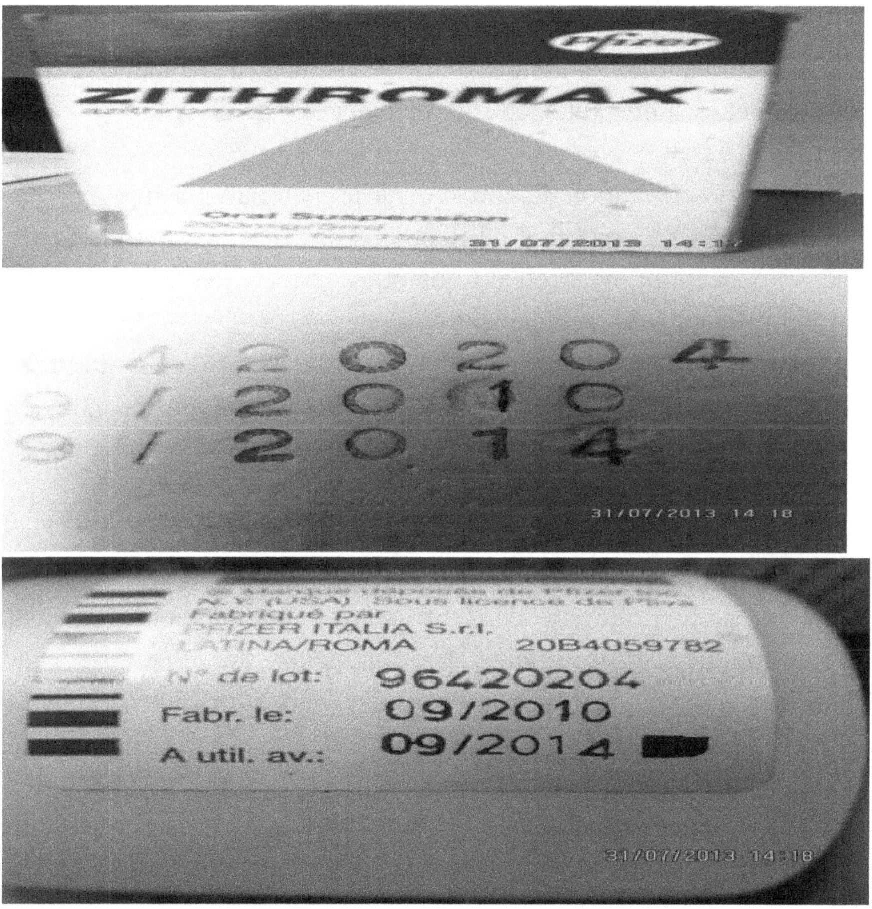

iv. Les problèmes de biodisponibilité

De nombreux cas d'échecs thérapeutiques sont imputés à une mauvaise biodisponibilité du principe actif. Celle-ci est souvent le résultat d'un processus de fabrication mal contrôlé ou de changements dans la nature des excipients.

v. Les problèmes d'interactions avec les récipients

Le fabricant doit s'assurer qu'il n'existe pas d'interactions entre le contenu et le contenant. Celles-ci peuvent être de deux types:

- La migration et fixation du contenu sur le matériau plastique via des mécanismes d'adsorption, modifiant ainsi la stabilité du produit ainsi que sa concentration, d'où de potentiels effets toxiques et/ou une perte d'efficacité du médicament,
- Le relargage de constituants du contenant vers le contenu, modifiant ainsi la stabilité de la préparation pharmaceutique et pouvant déclencher des réactions d'intolérance ou des phénomènes toxiques.

I.5. Les médicaments contrefaits de « bonne qualité »

En général, nous entendons plus souvent parler des contrefaçons pharmaceutiques ayant entraîné des dommages sur la santé que de celles qui, après analyse, se révèlent répondre aux standards internationaux de qualité.

Quoi que veuillent laisser supposer les industries pharmaceutiques afin d'éviter tout relâchement dans la lutte contre la contrefaçon, un médicament contrefait n'est pas nécessairement un médicament de mauvaise qualité. Du point de vue pharmacologique, son efficacité et son innocuité peuvent être identiques à des produits dûment autorisés.

Il n'en constitue pas moins une menace réelle qu'il faut à tout prix combattre pour préserver la santé publique et ce pour plusieurs raisons importantes[42]:

- Premièrement, même si la qualité des médicaments contrefaits est correcte et même s'ils renferment la dose exacte de principe actif, leur production et leur distribution ne rentrent pas dans le domaine d'activité de l'autorité de régulation pharmaceutique du pays concerné.
  Cela signifie que tout défaut associé ou toute réaction indésirable ne sera pas facilement repéré ni contrôlé et que, si nécessaire, il ne sera pas possible de rappeler avec une efficacité suffisante le produit.

- De plus, au sens macroéconomique, les titulaires des droits de propriété intellectuelle peuvent décider de renoncer à mettre leurs produits sur le marché pharmaceutique d'un pays où des mesures de prévention de la contrefaçon pharmaceutique n'ont pas été mises en place.
  Si les fabricants refusent de s'investir dans un pays, ce sont surtout les consommateurs qui seront lésés puisqu'ils auront tout simplement un choix plus limité dans les traitements mis à leur disposition.

- Enfin, la vente de contrefaçons pharmaceutiques diminue considérablement les profits du fabricant authentique dont une partie est souvent réinvestie dans la recherche et le développement de nouveaux médicaments.

---

[42] CANDICE Legris, *op cit*, p. 39.

Ceci est particulièrement grave pour les pays en voie de développement car la plupart des pathologies infectieuses qui y sévissent telles que le paludisme, la tuberculose ou le sida, nécessitent un constant renouvellement des traitements disponibles du fait de l'apparition de résistances. Tels sont les cas de ZENTEL et MANALARIA

Photo 15: Le médicament authentique ZENTEL® de Tianjin Smith Kline and French Laboratories Ltd.

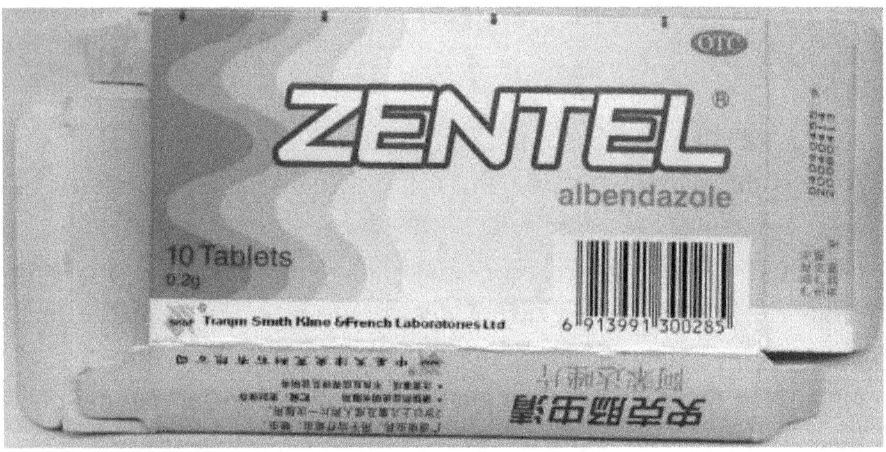

Photo prise à Kisangani le 28 décembre 2012.

Photo 16: la contrefaçon de ZENTEL vendu à Kisangani.

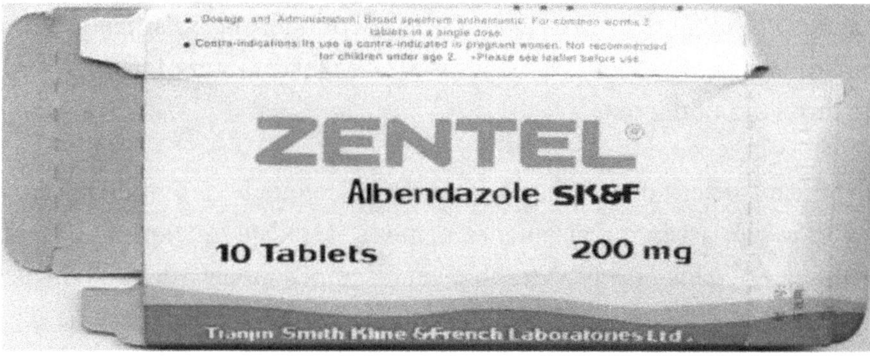

Photo prise à Kisangani le 28 décembre 2012

Photo 17 : Le Manalaria de CRPL/Luozi

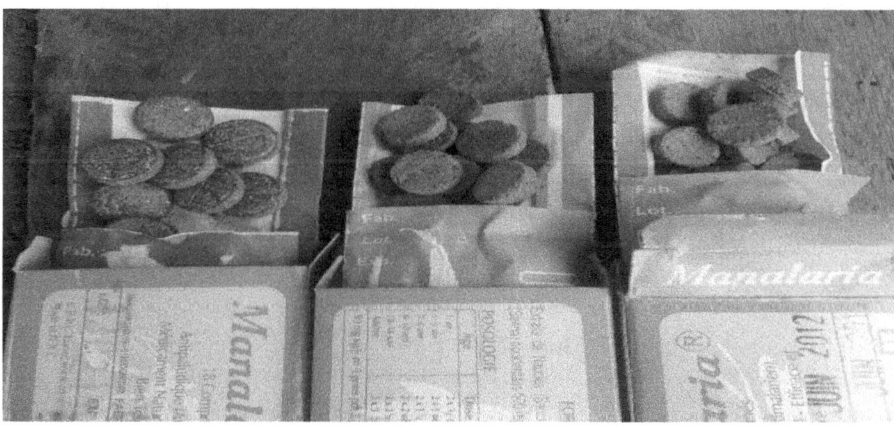

Photo prise à Kinshasa le 19 octobre 2012.

Le Manalaria comprimé est un médicament de fabrication de CRPL/ LUOZI composé d'extraits des plantes et Antipaludique Naturel, comprimés sécables de couleur Noirâtre, Produit facilement piratés, plus de 5000 comprimés retirés entre 2010 et 2012.

Distribués par des fournisseurs ambulants à moins de 1500 FC (1,63$), pourtant le fabricant le distribue à 2.180FC (2,37$). Sur le marché, l'emballage extérieur reste identique, la falsification se remarque par la couleur des comprimés et les produits falsifiés sont vendus à moindre coût.

Dans ce cas de contrefaçon, on constate que le *design* du produit a été copié assez précisément même s'il existe quelques légères différences dans la typographie et l'emplacement des éléments décoratifs et informatifs. Cependant, le contrefacteur a préféré ne pas reprendre parfois le nom du fabricant et utilise aussi quelque fois un faux numéro d'enregistrement du médicament.

Alors que la reproduction essaie à l'évidence d'être la plus proche possible de la réalité, il serait intéressant de savoir pourquoi le contrefacteur n'est pas allé au bout.

Cette imitation servile des marques déposées des médicaments couverts par des brevets pharmaceutiques n'ont pour objectif que de créer la confusion dans le chef des consommateurs non avertis. Ce qui constitue des infractions répressives non seulement de reproduction illicite et falsification des médicaments mais également de la tromperie sur la qualité et quantité.

II. Autres incriminations pharmaceutiques menaçant la santé publique

Si la criminalité pharmaceutique recouvre la fabrication, le commerce et la distribution de faux médicaments, médicaments volés ou illicites, elle englobe aussi la contrefaçon et la falsification des médicaments, leur conditionnement et la documentation associée, ainsi que la fraude, le détournement, la contrebande, le trafic et le blanchiment de fonds liés à ces infractions.

Certains individus mal intentionnés n'ont aucun mal à transformer un morceau de craie, un peu de farine ou d'amidon en un comprimé ou pilule mais il est difficile de dire à l'œil nu s'il s'agit d'un faux médicament car leur étiquetage et emballage sont souvent imités à la perfection. Ainsi se rendre à l'officine pharmaceutique est un petit jeu et choisir un mauvais médicament peut coûter la vie au consommateur.

En RDC, les faux médicaments se comportent mieux que le viol et il est sans doute évident que plusieurs décès par an peuvent être liés à la consommation de médicaments contrefaits. La prolifération des médicaments contrefaits, falsifiés ou de qualité insuffisante a des conséquences qui peuvent amener, en cas d'administration, à une qualification pénale d'homicide, de meurtre, de suicide ainsi que d'empoisonnement. Une fois faite sur une population, elle peut même être considérée comme crime contre l'humanité si cela peut éliminer toute une collectivité.

En l'absence d'éthique, les agents commis en douanes et inspections pharmaceutiques seraient tentés de laisser fréquemment entrer les faux médicaments contre les pots-de-vin. C'est ainsi que plusieurs aspects juridiques méritent d'être analysés pour maîtriser le contour des infractions similaires à la criminalité pharmaceutique.

II.1. La contrefaçon des médicaments

Ces infractions[43] impliquent la fabrication, la commercialisation et la distribution des médicaments effectuées intentionnellement en dehors du champ d'application du système de règlementation des autorités compétentes.

---

[43] Loi n° 001/82 du 7 janvier 1982 sur la propriété industrielle.

Les médicaments qui en résultent sont dangereux et présentent une menace pour la santé des patients, l'intégrité des systèmes de santé et la sécurité publique car[44]:

- la qualité du médicament n'est pas vérifiable;
- le principe actif du médicament est absent, ce qui constitue un danger puisque le patient utilisera un médicament inefficace au lieu d'un traitement adapté à sa maladie. Dans ce cas, le médicament contrefait est un tueur silencieux avec des conséquences fatales sur la santé du patient;
- certains lots sont soit sous-dosés ou surdosés en substances actives;
- la dégradation d'un médicament peut être due à des conditions de transport ou stockage non appropriées;
- l'utilisation de médicaments contrefaits prive l'industrie légale de sources de revenus. Ici les délinquants qui mettent ainsi délibérément en danger la santé et la vie des patients, et qui, ce faisant, minent la confiance de la population dans le système de santé publique, posent donc un très grave problème auquel le pays doit s'attaquer d'urgence.

Ces médicaments induisent en erreur les patients quant à la véritable source de leur contenu (identité, fabricant, voie de distribution…). Ils sont fabriqués et distribués sur des sites qui ne sont ni autorisés, ni règlementés, ni inspectés, le plus souvent dans des conditions insalubres. Leurs ingrédients ne font l'objet d'aucune surveillance continue de leur qualité et de leur innocuité.

Un médicament contrefait est donc celui qui est présenté d'une manière trompeuse, par exemple au niveau de son étiquette ou de son emballage, avec des indications mensongères et frauduleuses quant à son identité, et/ou sa source.

---

[44] Convention Medicrime du Conseil de l'Europe du 28 octobre 2011.

Ainsi, les infractions similaires recouvrent outre la fabrication, le stockage, le trafic et l'offre de vente de médicaments en passant délibérément outre le contrôle obligatoire des autorités sanitaires et pharmaceutiques.

Ces infractions sont aussi dangereuses que la contrefaçon et constituent une menace d'ampleur comparable. Tel est le cas des médicaments utilisés à des fins de dopage et sans indication thérapeutique sont l'un des résultats de ces infractions similaires et sont souvent contrefaits.

En dehors des mécanismes de droit commun mis à place devant les cours et tribunaux, l'auteur, coauteur ou complice des infractions similaires à la criminalité pharmaceutique peut être poursuivi pour :

II.2. Fabrication et commerce des denrées alimentaires falsifiées, gâtées ou corrompues, faits prévus et punis par le Décret du 26 juillet 1910

Le médicament faisant partie d'un produit alimentaire par extension, « *seront punis d'une servitude pénale de six mois au maximum et d'une amende, qui ne dépassera pas 1.000 francs, ou d'une de ces peines seulement*[45]*:*

- ceux qui auront falsifié ou fait falsifier des comestibles, boissons, denrées ou substances quelconques propres à l'alimentation (médicaments) et destinés à être vendus ou débités;
- ceux qui, sachant qu'ils étaient falsifiés, auront vendu, débité ou exposé en vente des objets ou les auront détenus pour la vente ou débit;

[45] Décret du 26 juillet 1910 portant fabrication et commerce de denrées alimentaires, B.O. 1910, p. 657.

- ceux qui auront vendu, débité ou exposé en vente, détenu pour le débit ou la vente des comestibles, boissons, denrées ou substances alimentaires quelconques (médicaments) déclarés nuisibles par une loi, un décret ou règlement de l'autorité compétente.

Sont également punis d'une servitude pénale de 3 mois au maximum et d'une amende qui ne dépassera pas 500 francs, ou d'une de ces peines seulement, ceux qui auront vendu, débité ou exposé en vente des comestibles, boissons, denrées ou substances alimentaires quelconques (médicaments) falsifiés, gâtés ou corrompus.

Dans le cas d'espèce, tombe sous cette qualification pénale, toute personne physique ou morale qui produit, vend, expose en vente ou détient les médicaments contrefaits.

II.3. Tromperies sur la qualité et quantité de la chose vendue, faits prévus et punis par les articles 99 et 100 du Code pénal

Il existe deux formes de tromperie[46] :

- la tromperie sur la qualité de la chose vendue et
- la tromperie sur la quantité de la chose vendue.

II.3.1. De la tromperie sur la qualité de la chose vendue

Cette infraction se définit, dans ce contexte, comme étant le fait pour le vendeur d'induire l'acheteur en erreur sur la qualité de la chose faisant l'objet de la transaction dans le but de se procurer un bénéfice illicite. Cette erreur doit porter soit sur la nature des médicaments (générique ou spécialité), soit sur l'origine (Inde, Chine, Belgique, Allemagne, RDC).

---

[46] LIKULIA BOLONGO, *Droit pénal spécial zaïrois*, LGDJ, Paris, 1985, p. 447.

In specie, le vendeur de médicament malhonnête se comporte comme un escroc en vendant le produit contrefait de ciprofloxacine (coût réel 0.5$) à la place de la spécialité Bayer (50 dollars américains) pour se faire remettre un avantage quelconque par des manœuvres frauduleuses.

Dans ce cas, est puni d'un an au plus de servitude pénale et d'une amende dont le montant ne dépasse pas 1.000 zaïres, ou d'une de ces peines seulement, celui qui a trompé l'acheteur[47] :

- sur l'identité de la chose vendue, en livrant frauduleusement une chose autre que l'objet déterminé sur lequel a porté la transaction (Ex: la vente des paracétamols à la place de la quinine);
- sur la nature ou l'origine de la chose vendue, en vendant ou en livrant frauduleusement une chose qui, semblable en apparence à celle qu'il achetée ou qu'il a cru acheter, déçoit l'acheteur dans ce qu'il a principalement recherché (Ex: La vente de ciprofloxacine *India* en lieu et place du produit *bayer*).

II.3.2. De la tromperie sur la quantité de la chose vendue

Est puni des peines prévues à l'article 100 du même code pénal, celui qui, par des manœuvres frauduleuses, a trompé l'acheteur ou le vendeur sur la quantité des choses vendues. Au patient qui demande la quinine sulfate de 500 mg, il est donné en vente la quinine sous-dosée de 335 mg.

Etant donné que la criminalité pharmaceutique constitue un fléau planétaire, pour besoin d'efficacité, il est impérieux que la RDC capitalise la convention Medicrime à travers sa ratification, au vu du bénéfice qu'elle offre aux Etats signataires.

[47] Décret du 30 janvier 1940 portant code pénal congolais, article 99.

II.4. De l'escroquerie pharmaceutique

Ici, l'escroquerie sur les médicaments est le fait de se faire remettre volontairement le prix des médicaments appartenant à autrui soit en faisant usage d'une fausse qualité de pharmacien, soit en employant des manœuvres frauduleuses.

L'escroc pharmacriminel, plus rusé, ne soustrait pas, ne déplace pas, n'appréhende pas, ne ravit pas la chose d'autrui, mais il l'obtient par des procédés intellectuels[48].

« *Quiconque, dans le but de s'approprier une chose appartenant à autrui, s'est fait remettre ou délivrer des fonds, meubles, obligations, quittances, décharges, soit en faisant usage de faux noms ou de fausses qualités, soit en employant des manœuvres frauduleuses pour persuader l'existence de fausses entreprises, d'un pouvoir ou d'un crédit imaginaire pour faire naître l'espérance ou la crainte d'un succès, d'un accident ou de tout autre événement chimérique, pour abuser autrement de la confiance ou de la crédulité est puni d'une servitude pénale de trois mois à cinq ans et d'une amende dont le montant ne dépasse pas deux mille zaïres, ou d'une de ces peines seulement*»[49].

Il se dégage de l'analyse de cette disposition que l'escroquerie suppose la remise de la chose, l'emploi de moyens frauduleux à travers l'usage de faux nom, de fausse qualité et des manœuvres frauduleuses et l'intention coupable.

Lorsque tous les éléments constitutifs de l'escroquerie que nous venons de voir sont réunis, l'auteur doit être poursuivi. La victime peut également exercer une action civile en réparation du préjudice subi.

[48] LIKULIA BOLONGO, *op. cit.*, p. 403.
[49] Décret du 30 janvier 1940 portant code pénal congolais, article 98.

- Modalités de la répression de l'escroquerie pharmaceutique

i. Poursuite

L'exercice de l'action publique n'est pas subordonné à la plainte de la partie lésée. Elle peut être intentée d'office par le ministère public. La transaction sur l'action civile et le désintéressement de la dupe avant toute poursuite ne peut entraver l'exercice de l'action publique.

La restitution de l'objet escroqué ne peut être considérée, nous l'avons vu, que comme un repentir actif qui ne peut être admis que pour atténuer la rigueur de la loi.

ii. Pénalités

Une fois la preuve d'escroquerie établie, l'auteur doit être sanctionné. L'article 98 prévoit, à cet effet, trois mois à cinq ans de servitude pénale et une amende dont le montant ne dépassant pas deux mille zaïres. La loi donne au juge la faculté de n'infliger qu'une de ces peines seulement.

La victime de l'escroquerie peut exercer son action civile tendant à obtenir la réparation du préjudice subi soit devant le juge répressif accessoirement à l'action publique en se constituant partie civile, soit devant le juge civil. Son action tendant à la restitution de la chose escroquée ne peut se voir opposée, on l'a dit, l'illicéité de l'opération entreprise et consentie par la dupe.

II.5. La vente de faux médicaments à l'internet

Aujourd'hui, la vulnérabilité des Etats s'accroît en raison du recours à la vente de faux médicaments par internet qui permet le contournement de la réglementation et des autorités sanitaires. L'internet permet, en effet, un écoulement massif et anonyme de ces médicaments grâce aux procédés de dissimulation, voire des déplacements rapides des sites d'offres et des canaux de distribution.

C'est ce qui amène l'OMS à s'inquiéter du développement important de pharmacies en ligne fournissant illégalement des médicaments normalement sur ordonnance[50].

En définitive, la criminalité pharmaceutique touche toutes les catégories de médicaments, qu'ils soient ou non protégés par des droits de propriété intellectuelle, qu'ils soient ou non des génériques ou de spécialités, y compris les accessoires destinés à être utilisés avec les dispositifs médicaux, ainsi que les substances actives, les excipients, les éléments et les matériaux destinés à être utilisés dans la fabrication de médicaments.

III. La criminalité pharmaceutique face à la responsabilité juridique du pharmacien

Sur le plan juridique, le pharmacien d'officine peut engager, dans l'exercice de sa profession, sa responsabilité pénale, civile, administrative ou disciplinaire (déontologique).

Lorsque nous parlons de responsabilité, il est important d'en déterminer la nature et le régime juridique. Il peut s'agir soit d'une responsabilité source de sanction (la responsabilité pénale ou disciplinaire) ou d'une responsabilité source d'indemnisation (responsabilité civile ou administrative).

---

[50] Etude portant sur le dispositif en matière de compétence juridictionnelle et d'extradition relative au projet de convention du conseil l de l'Europe sur la contrefaçon de produits médicaux et les infractions similaires, disponible sur www.coe.int/pharmacrime consulté le 3 février 2014.

La première consiste à sanctionner des comportements que la société réprouve alors que la seconde tente à faire indemniser la victime d'un dommage causé par un tiers.

Aujourd'hui, la distinction est nette car, depuis lors, les deux types de responsabilité ont été confondus. Dans la bible, nous retrouvons la loi du Talion dont la maxime était « *œil pour œil...* ». C'est à dire que si une personne était responsable de la perte d'un œil chez une autre, elle était sanctionnée en perdant son propre œil.

Heureusement, s'est mis en place, plus tard, un système de compensation monétaire impliquant la notion de réparation monétaire. Mais, jusqu'à la fin du 19^{ème}siècle, l'auteur réparait le dommage qu'il avait causé en puisant sur son patrimoine personnel. Il aurait été considéré comme immoral que ce soit une autre personne qui paie à sa place.

A la fin du même siècle, ère de l'industrialisation, certaines personnes ont dû réparer le dommage causé à d'autres même s'ils n'étaient pas directement responsables du dommage. Ce fut notamment l'apparition des indemnisations des accidents de travail pour lesquels les employeurs étaient tenus responsables, même s'ils n'étaient pas directement fautifs avec le système d'assurance sociale.

C'est à partir de cette époque que la responsabilité indemnitaire est devenue un droit à réparation à part entière et s'est distinguée du principe de sanction. Ainsi, il a fallu initier le pharmacien aux fondements juridiques entraînant sa responsabilité civile, lui faire prendre conscience des enjeux de la pratique médicale, lui permettre de mesurer les mécanismes de la mise en œuvre de sa responsabilité et de se garantir en conséquence.

Cette extension progressive de la responsabilité civile des pharmaciens a induit la difficulté à couvrir ces nouveaux dommages. Ainsi, il est impérieux d'analyser chaque type de responsabilité auquel peut répondre le pharmacien d'officine au regard des obligations de l'art pharmaceutique et des règles déontologiques. Tour à tour, nous allons tenter une fois de cerner le contenu de chaque type de responsabilités que peut engager le pharmacien d'officine.

III.1. La responsabilité pénale du pharmacien

La responsabilité pénale d'une personne se définit comme l'obligation de répondre de ses actes devant une juridiction pénale, c'est-à-dire devant la société elle-même. La responsabilité pénale se fait ainsi l'écho de la Déclaration des droits de l'homme et du citoyen du 26 août 1789[51].

Le Code pénal congolais consacre un principe général dans son arsenal juridique en rappelant que la responsabilité pénale est personnelle: «Nul n'est responsable que de son propre fait». Cette responsabilité suppose qu'il y ait infraction à une disposition prévue et sanctionnée par un texte. D'où le principe sacrosaint de la légalité de délit et des peines.

III.1.1. Fondement de la responsabilité pénale du pharmacien

Tout professionnel de santé, qu'il exerce dans le cadre libéral ou public, peut voir engagée sa responsabilité pénale devant les juridictions répressives à raison d'une faute commise dans l'exercice de son activité médicale. Cette responsabilité, qui l'expose à une sanction, suppose qu'une infraction soit commise. Il ne peut être

[51] Déclaration de droits de l'homme et de citoyen du 26 aout 1789: « *La société a le droit de demander compte à tout agent public de son administration*», article 15.

question, en matière pénale, de responsabilité médicale sans faute, voire de présomption de responsabilité.

La victime peut être tentée de porter l'action en réparation devant les juridictions pénales afin de profiter des pouvoirs importants d'investigation du juge d'instruction (ce qui lui facilite la recherche de la preuve), ou bien même pour répondre à un désir de punition et de vengeance. Ainsi voici les infractions susceptibles d'être commises par le pharmacien d'officine pouvant engager sa responsabilité pénale.

Les comportements que la société définit comme répréhensibles sont appelés infractions et punis par le code pénal. Il en est très peu qui sont spécifiques à l'exercice médical; la plupart de celles qui viennent à être reprochées à un pharmacien peuvent également l'être à tout citoyen.

Ces infractions sont classées selon celles selon qu'elles concernent l'acte pharmaceutique ou celles liées à l'exercice de la profession de pharmaciens.

➢ *Les infractions relatives à l'acte pharmaceutique*

Parmi elles, nous pouvons distinguer l'abstention fautive ou la non-assistance de personne en danger, l'avortement criminel, l'empoisonnement, l'homicide volontaire (l'euthanasie) ou involontaire ainsi que d'autres dispositions pénales relatives à l'usage et le trafic de stupéfiants et de substances psychotropes.

i. Abstention de secours de personne en danger[52]

L'abstention de secours à personne en péril, est une infraction qui ne vise pas spécifiquement le pharmacien, bien qu'il soit particulièrement exposé à le commettre.

L'obligation de porter secours à une personne en danger est en premier lieu une obligation générale, s'imposant à tout citoyen, tout pharmacien doit, quelle que soit sa fonction et dans la limite de ses connaissances et de ses moyens, porter secours à toute personne en danger immédiat. En collaboration avec d'autres membres des professions paramédicales, il doit éviter tout agissement injustifié qui pourrait leur nuire vis-à-vis de leur clientèle[53].

Le pharmacien est donc au service public et doit faire preuve du même dévouement envers tous les malades. Il est obligé de porter secours à un malade en danger immédiat[54]. Ce n'est que pour ne pas risquer de poursuites pour n'avoir porté secours à une personne en péril qu'un pharmacien pourrait, sous sa responsabilité, dispenser des médicaments relevant de la réglementation des substances vénéneuses à une personne.

A titre de régime répressif, encourt 3 mois à 2 ans et d'une amende de 50 zaïres, quiconque s'abstient de porter à une personne en péril l'assistance, sans risque pour lui ni pour le tiers, il pouvait lui porter, soit par son action personnelle, soit en provoquant un secours.

---

[52] Décret du 30 janvier 1940 tel que modifié et complété à ce jour, Article 66 ter.

[53] Ordonnance 70-158 du 30/4/1970 déterminant les règles de la déontologie médicale, art. 60.

[54] Ordonnance-loi 91-018 du 30 mars 1991 portant création de l'ordre national des pharmaciens au Zaïre, art. 4.

ii. Atteintes à l'intégrité physique ou corporelle

L'exercice médical implique à chaque instant des atteintes volontaires à l'intégrité corporelle. C'est en raison du but thérapeutique, d'une part, du consentement éclairé du patient, d'autre part. Ces deux conditions doivent être impérativement réunies pour que le médecin puisse impunément commettre ces atteintes volontaires au corps humain.

Dès que l'une de ces conditions manque, l'infraction est constituée: l'euthanasie est, en droit, un assassinat[55]; une stérilisation pour convenance personnelle était constitutive de coups et blessures; de même qu'une intervention sans le consentement du patient. C'est ainsi que l'euthanasie qui consiste à administrer au patient des médicaments pouvant lui procurer une mort douce est même punie par la déontologie médicale[56].

Les atteintes involontaires à l'intégrité corporelle constituent la majeure partie des infractions reprochées aux pharmaciens. Il s'agit de l'homicide et des blessures causées par la maladresse, l'imprudence, la négligence ou l'inobservation des règlements.

Pour que l'infraction soit caractérisée, il faut qu'une faute ait été commise par le pharmacien (faute d'imprudence dans l'élaboration du diagnostic, dans la prescription ou la réalisation du traitement). Il faut également que soit prouvé le lien de causalité entre cette faute et les blessures, ou la mort de la victime.

[55] Décret du 30 janvier 1940 portant code pénal congolais tel que modifié et complété à ce jour, Articles 44 et 45.

[56] Ordonnance 70-158 du 30 avril 1970 déterminant les règles de la déontologie médicale, article 19.

En matière pénale les textes appliqués par les tribunaux répressifs sont d'interprétation stricte. Ceci explique que le juge pénal ne peut ni faire appel à la présomption de faute, ni à la notion de perte de chance, ce que peut faire le juge civil.

iii. *L'empoisonnement ou administration des substances nuisibles à la santé*[57]

Sera puni d'une servitude pénale de 1 à 20 ans et d'une amende de 100 à 200.000 zaïres quiconque aura administré volontairement des substances qui peuvent donner la mort ou des substances qui, sans être de nature à donner la mort, peuvent cependant gravement altérer la santé.

Si les médicaments administrés peuvent occasionner la mort, l'empoisonnement est un homicide par poison. Dans le cas contraire, les médicaments administrés altèrent la santé du consommateur, par extension, il n'est pas loin d'une simple administration des substances nuisibles à la santé.

Tel est le cas de la délivrance des médicaments défectueux ou falsifiés par le pharmacien, sachant bien que les produits n'ont plus de principe actif et peuvent occasionner des risques de santé allant jusqu'à la létalité.

Les médicaments sont, par essence, très dangereux et ne peuvent être pris que dans des circonstances bien déterminées (maladie selon les dispositions de l'organisme). Certains médicaments sont très toxiques et peuvent provoquer des effets secondaires non voulus qui peuvent mettre en danger le consommateur. C'est pourquoi dans toute

---

[57] Décret du 30 janvier 1940 portant code pénal congolais tel que modifié et complété à ce jour, Article 50, publié *au JO N° spécial* du 30 novembre 2004.

prescription, il est préférable de connaître les antécédents du malade et prévenir des allergies.

iv. L'Avortement criminel par médicaments[58]

Celui qui, par aliments, breuvages, médicaments, violences ou par tout autre moyen aura fait avorter une femme, sera puni d'une servitude pénale de 5 à 15 ans. De même la femme qui volontairement se sera fait avorter, sera punie d'une servitude pénale de 5 à 10 ans.

Le pharmacien est tenu complice d'avortement dans le cas où il conseille, propose, fournit ou livre les médicaments sans ordonnance médicale et en dehors de tout avortement thérapeutique, les médicaments sans lesquels l'avortement ne serait pas possible[59].

- *Les infractions relatives à l'exercice de la profession des pharmaciens*

Il s'agit ici des infractions relatives à l'exercice illégal de la profession et aux obligations déontologiques.

i. De l'exercice illicite de la profession de pharmacien d'officine

Nul ne peut gérer une pharmacie s'il ne possède le diplôme de pharmacie permettant l'exercice de la profession en Belgique ou un diplôme tenu pour équivalent.[60] Nul ne peut exercer la profession de pharmacien s'il n'offre toute garantie de moralité professionnelle et s'il ne réunit une des conditions suivantes:

---

[58] Idem, Articles 165 et 166.
[59] LIKULIA BOLONGO, *Droit pénal spécial zaïrois*, LGDJ, 1985, p. 299.
[60] Décret de 19 mars 1952 relatif à l'exercice de l'art de guérir, article 9.

a) être titulaire d'un diplôme de pharmacie délivré et entériné en conformité des lois et règlements en vigueur sur la collation des grades académiques;
b) posséder un diplôme de pharmacie obtenu à l'étranger et tenu pour équivalent par la commission des équivalences de diplômes;
c) avant de pouvoir se livrer à quelque activité professionnelle que ce soit, tout pharmacien doit obtenir une autorisation d'exercice de la pharmacie.

Ainsi, quiconque l'exerce sans respect de ce prescrit est puni d'une servitude pénale de 3 mois à 2 ans et d'une amende de 1000 à 10.000 francs ou d'une de ces peines seulement (article 17 du même décret).

Tout pharmacien d'officine doit être inscrit au tableau de l'ordre avant toute prestation au public. Tout celui qui aura exercé la profession sans être inscrit au tableau de l'ordre sera puni de la même peine ainsi libellée à l'article 17 du décret sous étude. Cet exercice illicite de la profession est, au sens des articles 98 et 123 CPLII respectivement assimilées à l'escroquerie et de la tromperie ainsi que au port illégal de décoration.

Néanmoins, au sens de l'article 123 bis CPLII, toute personne qui aura publiquement porté une décoration, un ruban ou autres insignes d'un ordre qui ne lui appartient pas, sera punie d'une servitude pénale de sept jours au maximum et d'une amende de cinquante à cinq cents zaïres ou d'une de ces peines seulement.[61]

[61] Décret du 30 janvier 1940 portant code pénal congolais tel que modifié et complété à ce jour, Article 50, publié au *JO* N° spécial du 30 novembre 2004, article 123 bis.

ii. Violation du secret professionnel

Le secret professionnel, obligation déontologique par excellence, implique une absolue discrétion au sujet de ce que le pharmacien a vu ou entendu dans l'exercice de sa profession. Il doit veiller à ne pas dévoiler le secret médical, soit par ses paroles, par ses écrits professionnels ou administratifs, soit par ses publications ou communications scientifiques.

Les fondements du secret médical sont essentiellement l'obligation de discrétion et la confiance, d'une part, l'ordre public et le pouvoir médical, d'autre part. Il ne doit favoriser, ni par ses conseils, ni par ses actes, des pratiques contraires aux bonnes mœurs.

Le secret professionnel s'impose à tous les pharmaciens dans les conditions établies par la loi. Tout pharmacien doit en outre veiller à ce que ses collaborateurs soient informés de leurs obligations en matière de secret professionnel et à ce qu'ils s'y conforment.

Afin d'assurer le respect du secret professionnel, le pharmacien s'abstiendra de discuter en public, notamment à l'officine, des questions relatives aux maladies de ses clients et à leur traitement.

C'est pourquoi, l'organisation de l'officine doit assurer la qualité de tous les actes qui y sont pratiqués et doit veiller à ce que les médicaments soient dispensés avec la discrétion que requiert le respect du secret professionnel. L'accueil de la clientèle et la dispensation des médicaments doivent pouvoir s'effectuer dans des conditions de confidentialité permettant la tenue d'une conversation à l'abri des tiers.

Il est évidemment possible de déduire la pathologie dont souffre un patient aussi bien du contenu de l'ordonnance médicale que de la nature des médicaments dispensés ou des inscriptions portées à l'ordonnancier. Aucune personne étrangère à la pharmacie ne doit avoir accès à ces documents dans l'officine. Le pharmacien doit s'abstenir de formuler un diagnostic sur la maladie au traitement de laquelle il est appelé à collaborer.

La loi précisant que le secret professionnel s'applique aux personnes dépositaires d'un secret, les maîtres de stage doivent rappeler aux stagiaires qu'ils sont tenus au respect du secret professionnel pour les faits connus durant les stages.

III.1.2. Les conditions de mise en œuvre de la responsabilité pénale du pharmacien

La mise en œuvre de la responsabilité pénale suppose que soient engagées des poursuites qui débouchent sur un jugement par une juridiction répressive.

En principe, l'initiative des poursuites appartient au Procureur de la République. Il décide des suites à donner aux plaintes, dénonciations, enquêtes de police. Il peut classer sans suite, renvoyer directement l'auteur de l'infraction devant la juridiction de jugement, ou requérir l'ouverture d'une information confiée à un juge d'instruction.

Si l'affaire n'est pas classée sans suite, l'étape de l'instruction est la règle en matière médicale compte-tenu de la complexité habituelle des dossiers. A l'issue de l'instruction, une requête est rendue, soit de non-lieu, soit aux fins de fixation d'audience devant la juridiction compétente.

Les poursuites peuvent également résulter de la plainte avec constitution de partie civile de la victime ou de ses ayants droit. Dans ce cas, l'instruction est ouverte, soit contre X, soit contre une personne nommée, sans que le Procureur de la République puisse l'empêcher.

Si l'instruction ne se clôt pas par un non-lieu, le tribunal aura à se prononcer non seulement sur la culpabilité du pharmacien mis en cause, mais aussi sur les dommages-intérêts dus par lui à la victime. Si la relaxe est prononcée, aucun dédommagement ne pourra être dû.

Dans une troisième hypothèse, la constitution de partie civile par la victime peut intervenir soit en cours d'instruction, soit devant le tribunal, avec les mêmes effets que précédemment, sur le plan des intérêts civils (de la demande de dommages-intérêts).

Soulignons en passant que dans l'exercice de sa profession, le pharmacien peut être traduit devant les tribunaux répressifs lorsqu'il a commis les infractions ci- haut énumérées.

III.2. La responsabilité civile du pharmacien

Le principe général de la responsabilité civile est exposé par le code civil livre III[62]. Cette responsabilité vise donc à réparer le dommage causé à la victime, qu'il y ait eu faute intentionnelle ou pas car elle vise à rétablir aussi l'équilibre détruit par le dommage, et de replacer la victime dans la situation où elle se serait trouvée si l'acte dommageable ne s'était pas produit.

En droit civil, il y a lieu de distinguer deux régimes de responsabilité: selon que le dommage causé résulte de l'inexécution d'une obligation née d'un contrat (responsabilité contractuelle), et les hypothèses dans lesquelles le dommage est causé par un fait qui n'a

[62] Décret du 30 juillet 1888 portant code des obligations et des contrats, articles 258, 259 et 260.

pas le caractère d'un manquement à une obligation contractuelle préexistante (responsabilité délictuelle ou quasi délictuelle).

La victime d'un préjudice n'a pas d'option entre la mise en œuvre de l'une ou l'autre responsabilité car elle est obligée de se situer sur le terrain de la responsabilité contractuelle dès lors qu'il existe un contrat explicite ou implicite. En ce qui concerne le pharmacien d'officine, la question reste à savoir quelle responsabilité civile lui appliquer?

La responsabilité civile étant une obligation légale pour toute personne de réparer les dommages causés à autrui, elle peut être de deux types : délictuelle ou contractuelle.

III.2.1. La responsabilité civile délictuelle du pharmacien

La responsabilité délictuelle du pharmacien d'officine est retenue lorsqu'une personne, de par son fait, a porté préjudice à une autre. Dans le cas d'espèce, il s'agit des délits (intentionnels ou non). Ainsi la mise en œuvre de la responsabilité délictuelle du pharmacien d'officine exige la réunion de trois conditions, savoir:

- Une faute du pharmacien d'officine,
- Un dommage pour le patient ou consommateur de médicament,
- Un lien causal entre la faute et le dommage.

III.2.1.1. La faute du pharmacien d'officine

Il y a faute lorsque volontairement ou non, une personne nuit à une autre. Elle est en faute parce qu'elle a alors un comportement contraire à celui auquel on peut s'attendre d'une personne raisonnablement prudente et diligente placée dans les mêmes circonstances. La gravité de la faute est, en principe, indifférente, mais la faute doit exister pour permettre d'intenter une action civile.

Le nombre d'obligations dont l'inexécution peut avoir ce résultat est considérable et nous permet de les classer en fautes suivant quatre catégories:

- ***Les fautes inhérentes à la qualité du médicament vendu:*** c'est-à-dire que le médicament doit correspondre au médicament prescrit car le pharmacien doit s'assurer que le produit qu'il a livré est celui qui lui a été demandé. Il ne devra livrer ou conseiller que le produit prescrit et non substituer par d'autres produits.
- ***Les fautes dans l'exécution des prescriptions:*** le pharmacien doit exécuter fidèlement les prescriptions médicales, et, s'il décèle une erreur ou une anomalie, il ne peut la rectifier lui-même sans prendre contact avec le prescripteur. S'il n'arrive pas à joindre le médecin, il doit refuser de délivrer le médicament en avisant le client du risque.
- ***Les fautes dans le contrôle des prescriptions:*** le pharmacien doit exiger la présentation de l'ordonnance originale et s'assurer de son authenticité. Il doit vérifier que l'ordonnance est datée, signée, et qu'elle est valable au regard de sa date d'établissement et de la durée de prescription de médicaments.
- ***Les fautes dans l'octroi de conseils:*** lors de la délivrance, le pharmacien doit compléter les indications de l'ordonnance et indiquer au patient la meilleure manière d'absorber le médicament.

III.2.1.2. Le dommage pour le consommateur de médicaments

Une personne ne peut poursuivre une autre sans qu'elle ait subi un dommage. Il est alors évident que ce préjudice est nécessaire. En son absence, une personne ne peut pas se prévaloir de la responsabilité du pharmacien alors même que celui-ci aurait commis une faute dans l'exercice de son art (erreur de dosage ou de délivrance).

Le dommage doit être certain, direct et déterminé pour pouvoir être réparable. En effet tous les dommages de la vie ne peuvent être réparables car l'intérêt lésé doit pouvoir être juridiquement protégé.

En théorie, c'est le dommage qui constitue la condition la plus importante car, c'est sa gravité qui devrait être prise en considération, abstraction faite de la gravité de la faute, car il importe, en ce domaine, de réparer, c'est-à-dire remettre autant que possible les choses en l'état où elles se trouvaient avant le dommage, et non de sanctionner.

III.2.1.3. Lien de causalité entre la faute du pharmacien et le dommage pour le consommateur des médicaments

Une faute peut avoir été commise par une personne et un dommage subi par la victime sans pour autant que l'auteur de la faute en soit tenu responsable. Il faut que le dommage causé soit la conséquence logique, directe et immédiate du fait fautif reproché.

C'est à la partie demanderesse de prouver ce lien qui n'est pas toujours facile à rapporter. Il n'est pas forcément exigé que la relation de cause à effet soit immédiate, il suffit qu'elle soit directe.

III.2.2. La responsabilité civile contractuelle du pharmacien

Elle est mise en jeu lorsqu'un contrat a été établi entre deux personnes et qu'un des contractants n'a pas rempli les obligations auxquelles il s'était engagé dans ce contrat.

Les contrats peuvent être de diverses natures. Ils ne nécessitent pas forcément de formalisme (rédaction d'un écrit) et peuvent être oraux. Par exemple, lorsqu'un client entre dans une pharmacie, demande un médicament et que le pharmacien lui remet, un contrat est établi.

Toutefois, depuis 1936 dans l'arrêt Mercier[63], la responsabilité médicale est classiquement une responsabilité de type contractuelle. Ainsi, entre le pharmacien et son patient s'établi un contrat de soin.

Nous référant aux conditions de validité de tout contrat, le contrat de soins pharmaceutiques oblige également la capacité des parties, le consentement des contractants, un objet certain et une cause licite. Ce qui revient à dire que :

- ***Seules les personnes capables peuvent s'engager dans un contrat de soins***. La capacité juridique entendue comme l'aptitude d'exercer et de jouir, seul le patient majeur et sain d'esprit peut y conclure. Sinon, la capacité du pharmacien s'apprécie par rapport à sa compétence (détenteur d'un diplôme en pharmacie dans une université reconnue en RDC, inscrit au tableau de l'ordre et engagé dans un établissement pharmaceutique autorisé).

- ***Le consentement doit être mutuel***: Or ne peuvent donner un consentement exempt de vice que les personnes majeures saines d'esprit. Les mineurs et autres interdits dont les facultés mentales sont altérées ne peuvent, en aucun cas, consentir car n'agissant pas avec libre volonté et conscience. Il est donc intolérable de voir à ce jour les enfants délivrer les médicaments dans certaines officines,

[63] Arrêt Mercier, Cass. Civ. fçse 1, 20 mai 1936; Il est acquis que le médecin passe un contrat avec un patient.

acheter ou de constater la vente ambulatoire de médicaments par les mineurs.

- ***L'objet du contrat de soins est, pour chacune de parties, ce à quoi on s'engage***. Il doit être certain, licite et non contraire aux bonnes mœurs. Le cas de vente des produits dangereux à toute personne sans prescription médicale pour des fins d'avortement ou de performance sexuelle ou autres est prohibé ainsi que, par l'effet de la substitution, la vente des contrefaçons en lieu et place des produits authentiques.

- ***La cause doit être licite***. Le cas précité concrétise le dérapage flagrant source de droguerie et des avortements criminels pourtant prohibés par la loi. C'est pourquoi, le pharmacien d'officine étant professionnel, il doit présenter ses médicaments dans des conditions qui garantissent la sécurité à laquelle on peut légitimement s'attendre et ne pas porter atteinte à la santé des consommateurs.

III.2.2.1. Nature du contrat de soins pharmaceutiques

- ***Contrat civil*** : C'est-à-dire que le pharmacien, à l'égard du patient, n'est pas soumis totalement aux règles du droit commercial du fait de vente conclue avec ce dernier. Dans une certaine mesure, le contrat de soins est à la fois mixte, c'est-à-dire commercial pour le pharmacien et civil pour le patient. Si la délivrance des médicaments est consécutive à une vente, le contrat de soins est alors un contrat de vente.
- ***Contrat oral et consensuel*** : Aucun formalisme n'est nécessaire pour que le contrat soit établi. Il suffit que le pharmacien ait accepté de proposer des soins et que le patient ait accepté de

recevoir les médicaments contre paiement de la facture, le contrat s'établit.

- ***Contrat conclu intuitu personae*** : Le pharmacien s'engage donc à traiter personnellement le patient ou vendre les médicaments à la personne indiquée. Si ce n'est pas le cas, il doit avertir son patient.
- ***Contrat synallagmatique*** : Chacun des contractants a des obligations réciproques. Le patient a obligation de payer les honoraires du pharmacien et à suivre ses prescriptions. Les obligations du pharmacien ont été définies par l'arrêt «Mercier» en ce qui concerne l'obligation de soins et celle d'information.

III.2.2.2. Les obligations du pharmacien

Les obligations à charge du pharmacien sont celles de moyen et de surveillance-sécurité conformes aux données acquises actuelles de la science.

i. Les obligations de moyen

L'obligation de moyen est une obligation en vertu de laquelle le débiteur doit déployer ses meilleurs efforts pour atteindre l'objectif visé, elle a pour corolaire l'obligation de résultat. La responsabilité du débiteur d'une obligation de moyen ne peut être engagée du seul fait qu'il n'a pas atteint un résultat.

Il est fréquent d'opposer la responsabilité du médecin qui repose sur une obligation de moyen à la responsabilité du pharmacien qui reposerait essentiellement sur une obligation de résultat: fournir un médicament conforme à la prescription.

Ainsi, nous pouvons classer ces diverses obligations en 5 groupes distincts:

a) le contrôle de l'authenticité de la prescription médicale;
b) le contrôle de la régularité de prescription médicale : le pharmacien ne doit pas suppléer, de son propre chef, aux omissions du médecin ou à l'absence de doses sur prescription médicale;
c) l'obligation de renseigner toute vente pouvant présenter de dangers pour l'utilisateur du médicament;
d) le pharmacien doit respecter les obligations de prudence et de diligence en cas de soins d'urgence;
e) l'obligation de conserver le médicament dans des conditions optimales avant sa délivrance au public.

ii. Les obligations de surveillance-sécurité

Le pharmacien n'est donc pas tenu d'une obligation de résultat envers le malade mais d'une obligation de prudence et de diligence à travers:

a) Le contrôle du produit,
b) Le contrôle de la présentation du produit,
c) La conformité du dosage du médicament, tel que l'a entendu le médecin,
d) L'erreur d'inattention, négligence du pharmacien,
e) La non-conformité à la pharmacopée du produit délivré.

III.2.2.3. Les causes d'exonération et de partage de responsabilité civile

Il arrive que la faute du pharmacien ne soit pas la seule à avoir engendré le dommage. Dans ce cas, quels sont alors les principes qui vont être mis en œuvre pour solutionner les problèmes posés par la pluralité de responsables?

- ***Le concours avec la faute du fabricant***: la responsabilité du pharmacien d'officine peut être retenue avec celle du fabricant si celui-ci a commis une faute dans la présentation du médicament en relation avec le préjudice.
- ***Le concours avec la faute du médecin***: la faute médicale entraîne fréquemment la responsabilité corrélative du pharmacien qui a exécuté l'ordonnance contenant l'erreur.
- ***Le concours avec la faute de la victime***: les tribunaux excluent, en ce domaine, l'exonération complète de l'auteur du dommage (sauf, évidemment, si la faute de la victime est intentionnelle, auquel cas ils admettent une exonération totale).
- ***Le concours avec la faute d'autres professionnels de la santé***: on peut ici citer l'exemple d'une infirmière qui a répété, pendant quinze jours, l'injection intramusculaire d'un médicament à effet retard connu, et conditionné par ampoule unitaire.

III.2.2.4. La prévalence de la responsabilité civile délictuelle sur la responsabilité civile contractuelle du pharmacien

Nous pouvons expliquer cette tendance en rapprochant le cas du pharmacien à celui du médecin: cette profession médicale et libérale était auparavant soumise à la responsabilité délictuelle, ainsi, le pharmacien, qui exerce de façon libérale et commerciale, s'est vu appliquer une responsabilité du même ordre.

Or, il semble que l'aspect contractuel existant entre le pharmacien et son client est plus flagrant (ils sont liés par le contrat de vente) que le contrat entre le médecin et le patient.

Il faut préciser que les actes qui engagent la responsabilité du pharmacien peuvent toujours être rattachés au contrat qui le lie à son client. La vente des médicaments fait partie du contrat, et la préparation de médicaments est elle-même toujours suivie de cette vente.

La responsabilité étant contractuelle, le pharmacien est soumis aux articles 33, 62, 82 et 264 du CCLIII (en cas d'inexécution d'une obligation attachée au contrat de vente le liant au client) et 302, 318 et 320 dudit code (en cas de vices de la chose ayant provoquée le dommage).

Au sens de l'article 318 du CCLIII, le pharmacien est tenu de la garantie à raison des défauts cachés du médicament vendu qui le rendent impropre à l'usage auquel on le destine, ou qui diminuent tellement cet usage, que l'acheteur ne l'aurait pas acquise, ou n'en aurait donné qu'un moindre prix, s'il les avait connus.

Il est tenu des vices cachés, quand même il ne les aurait pas connus, à moins qu'il n'ait stipulé qu'il ne sera obligé à aucune garantie. En ce qui concerne les vices cachés, le pharmacien d'officine étant un professionnel, il ne doit pas en ignorer certains. Comme ce dernier ne peut pas connaître les vices rédhibitoires, c'est la responsabilité du fabricant qui doit être mise en œuvre et appelée en garantie.

Cependant, à l'heure actuelle, nous pouvons nous demander si le droit de substitution ne va pas changer la nature de cette responsabilité.

Légalement, la prescription d'un médicament ne peut être effectuée que par un médecin inscrit au tableau de l'ordre. Le pharmacien d'officine, dans le cadre de son contrôle de l'ordonnance, doit se cantonner à vérifier la posologie prescrite, les possibles contre-indications entre plusieurs médicaments, mais en aucun cas il ne peut remettre en cause la justification de la prescription.

Une prescription médicale étant la lettre écrite du médecin adressée au pharmacien d'officine chargé de l'exécuter, à ce jour, elle est devenue le théâtre de tous les incompétents.

De surprise dans les villes de Kisangani et Kinshasa, en dehors des médecins inscrits au tableau de l'ordre ou non, les étudiants en médecine, les infirmiers, les étudiants des écoles de santé (ITM et ISTM), les secouristes, des sages-femmes, des pharmacriminels, le personnel administratif des hôpitaux ou formations sanitaires, prescrivent en violation des règles relatives à l'art de guérir.

Hormis les cas où le médecin aura préalablement refusé toute substitution, le pharmacien sera libre de proposer à son client une spécialité générique, sous réserve toutefois de respecter certaines conditions.

III.3. La responsabilité administrative ou hospitalière

Tout acte médical effectué dans le cadre d'un établissement public de soins (hôpital général de référence étant un service public hospitalier par excellence) engage la responsabilité administrative de l'établissement.

Lorsque le dommage résulte du fait d'un pharmacien interne ou assistant en pharmacie, c'est l'administration toute entière qui est mise en cause. Sa responsabilité est engagée du fait de son préposé. Le malade, ici considéré comme un usager de service public, doit s'adresser au directeur de l'établissement public de santé pour demander indemnisation.

Désormais, n'importe quelle faute dès lors qu'elle est prouvée suffit à engager la responsabilité de l'établissement. Ceci a eu pour effet, de faire disparaître l'inégalité qui subsistait entre les régimes d'indemnisation, selon que les dommages étaient survenus à la suite d'un acte libéral ou d'un acte hospitalier.

La responsabilité de l'administration est donc systématiquement engagée mais demeure pour l'établissement public de santé, la possibilité de se retourner contre son préposé, s'il peut prouver que la faute constitue "une faute détachable du service".

III.3.1. La nature de la responsabilité administrative du pharmacien

La responsabilité administrative peut se définir comme l'obligation pour l'administration de réparer le dommage qu'elle cause à autrui. La responsabilité administrative est donc une responsabilité applicable à l'administration qui conduit au versement de dommages et intérêts à la victime.

Il est impérieux de savoir si la nécessité pour l'administration de réparer est une obligation. Toutefois, deux particularités sont à prendre en compte en matière de responsabilité administrative:

- Les règles de la responsabilité administrative sont autonomes par rapport aux règles de la responsabilité civile: un conflit opposant l'administration à un particulier ne peut être jugé que par un juge administratif. Ainsi, le juge administratif ne juge pas selon les règles du code civil,
- Sur le plan indemnitaire, l'administration est responsable du fait de ses agents. Ainsi, si les agents de l'administration ont, de par leur faute, entraîné un dommage, l'administration prend en charge l'indemnisation du dommage.

III.3.2. Types de responsabilité administrative et la faute médicale

III.3.2.1. Différents types de responsabilités administratives

A. La responsabilité pour faute

En principe, la responsabilité de la puissance publique est une responsabilité pour faute car elle n'est engagée que si le fait dommageable est provoqué par une faute d'un agent représentant une personne publique. Seule une faute de service de l'agent engage la responsabilité de son administration.

Si la faute est considérée comme personnelle, c'est à dire détachable des missions de l'agent, la responsabilité de son administration ne pourra être retenue. La faute existe quand l'action ou l'abstention d'agir sont de nature à justifier un reproche.

B. La responsabilité sans faute

La notion de responsabilité sans faute n'emporte aucun jugement de valeur sur les comportements dommageables. Il en est de même en ce qui concerne l'aléa thérapeutique.

L'aléa thérapeutique est un dommage corporel, conséquence d'un acte médical sans qu'il soit accompagné d'une faute, d'une erreur ou encore d'une maladresse. Le dommage corporel est l'altération des compétences et des attitudes psychiques et physiques due à un accident ou à une maladie. Ce dommage corporel, dans le cadre de l'aléa thérapeutique, n'est en rapport ni avec l'état initial du patient ni avec l'évolution prévisible de la maladie.

L'aléa thérapeutique, qui peut sous certaines conditions faire l'objet d'une indemnisation par l'hôpital, recouvre trois types d'accidents :

- *L'accident médical non fautif* : la réalisation en dehors de toute faute du praticien d'un risque accidentel inhérent à l'acte médical et qui ne peut être maîtrisé.

- *L'affection iatrogène*: dommage subi par le patient, lié au traitement dérivé et découlant directement d'une intervention médicale.
- *L'infection nosocomiale*: infection provoquée par des micro-organismes et associée aux soins qui apparaît au cours ou à la suite d'une hospitalisation alors qu'elle était absente avant l'admission du patient.

C. La responsabilité pour risque à travers:

- Les choses dangereuses,
- Les méthodes dangereuses,
- Les situations dangereuses.

III.3.2.2. La faute médicale en matière de responsabilité administrative :

a. Les obligations du pharmacien

Comme nous venons de le voir, le juge administratif n'est pas lié par les règles du droit civil. Ainsi, les règles de la responsabilité administrative se sont élaborées petit à petit grâce à la jurisprudence administrative. L'exercice médical n'est pas réglementé par le principe du contrat médical.

En effet, le patient ne contracte pas avec le pharmacien qui n'est qu'un agent du service public hospitalier (cas des hôpitaux généraux de référence).

b. Particularité de la faute en responsabilité administrative

Aujourd'hui la distinction n'est pas très importante mais il faut savoir qu'elle l'était puisque, pour engager la responsabilité de l'administration, il fallait une faute lourde en matière médicale (alors qu'une faute légère suffisait pour une faute de soins ou d'organisation du service).

En conclusion, toute faute simple suffit maintenant à engager la responsabilité de l'administration pour manquement aux obligations de service, blessures par imprudence, défaut de médicament, retard de diagnostic ou traitement, défaut d'organisation du service...

III.4. La responsabilité disciplinaire du pharmacien

L'une des conditions de l'exercice de la pharmacie en RDC est l'inscription au tableau de l'ordre. Le pharmacien s'engage à respecter les règles déontologiques lesquelles sont teintées de morale, de droit et d'aspects purement professionnels. Ainsi, la faute médicale peut être tout à la fois professionnelle et de droit commun.

Le conseil de l'ordre constitue la juridiction professionnelle de ses membres pour des manquements qui touchent à la moralité, dignité, honneur et probité indispensables à l'exercice de la profession et à l'art de guérir tel que défini dans le code de déontologie pharmaceutique.

Le barème de sanctions disciplinaires devant le conseil de l'ordre varie tour à tour d'un avertissement, d'une réprimande, d'un blâme, d'une interdiction temporaire d'exercer la pharmacie pour une durée maximum de six mois ainsi que l'interdiction définitive de l'exercer.

III.4.1. Nature et fondement de la responsabilité disciplinaire

Cette responsabilité existe lorsqu'il y a eu manquement à un devoir professionnel et notamment le non-respect du code de déontologie professionnelle.

Ces manquements sont relatifs à:

- l'exercice des activités incompatibles à la profession de pharmacien;
- au recours aux procédés interdits, conventions illicites ou concurrence déloyale dans la recherche de la clientèle;
- aux attitudes pouvant mettre en danger les relations de confraternité; avec le public et les malades.

Toutes les fautes dont le pharmacien peut se rendre coupable sont susceptibles d'engager sa responsabilité disciplinaire. Jusqu'à présent, cette responsabilité ne pouvait être mise en œuvre que par des personnes mentionnées dans le code de déontologie. Cette responsabilité professionnelle est extrêmement large et peut être mise en œuvre à chaque manquement à un devoir professionnel ou erreur de délivrance.

III.4.2. Les fautes et les sanctions disciplinaires

Il y a faute disciplinaire chaque fois que le comportement d'un pharmacien entrave le bon fonctionnement de l'établissement ou porte atteinte à la considération du secteur pharmaceutique. Il peut s'agir d'une faute purement professionnelle ou d'un comportement incompatible avec l'exercice des fonctions (brutalité, ivresse...) ou portant atteinte à la dignité de la fonction des pharmaciens. C'est la violation d'une règle morale, plus que d'une règle proprement juridique, qu'elle soit inscrite dans un code de déontologie médicale.

Ces fautes ont en principe un rapport avec l'activité professionnelle, mais pas exclusivement, un acte de la vie privée pouvant porter atteinte à l'honneur ou à la moralité de la profession.

III.4.3. Conditions de mise en œuvre de la responsabilité disciplinaire du pharmacien

La juridiction disciplinaire compétente dans les villes de Kisangani et de Kinshasa est le Conseil provincial et/ou nationale de l'ordre des pharmaciens. L'exercice de l'action disciplinaire ne met obstacle ni aux poursuites devant les tribunaux répressifs, ni aux actions civiles en réparation d'un dommage, ni à l'action disciplinaire devant l'administration ou l'entreprise dont dépend le pharmacien poursuivi et seul le conseil national de l'ordre est habilité à prononcer l'interdiction définitive d'exercer la pharmacie.

Le pharmacien mis en cause peut interjeter appel devant la chambre d'appel qui statue au second degré dans un délai de trente jours à compter de la date de notification.

La chambre d'appel est composée de sept pharmaciens désignés par le conseil national de l'ordre, dont l'un au moins appartient à la même section que le pharmacien poursuivi. Elle comprend en outre un magistrat du parquet près la Cour d'appel désigné par le procureur général près cette cour.

Le pharmacien mis en cause peut se faire assister d'un confrère et d'un avocat de son choix. Aucune sanction disciplinaire ne peut être prononcée sans que le pharmacien en cause n'ait été entendu ou appelé à comparaître dans un délai de huit jours conformément au règlement d'ordre intérieur.

Le pharmacien qui est présumé avoir commis une faute méritant la peine d'interdiction temporaire de l'exercice de la pharmacie ou de radiation du tableau de l'ordre, peut être suspendu par mesure d'ordre jusqu'au prononcé de la décision disciplinaire. Si la décision a été rendue par défaut, le pharmacien concerné peut faire opposition dans un délai de trente jours à compter de la notification faite à sa dernière adresse connue, contre récépissé.

Tout pharmacien qui aura exercé la profession sans être inscrit au tableau de l'ordre ou qui l'aura exercée pendant la durée de l'interdiction temporaire ou définitive sera puni d'une servitude pénale de trois mois à deux ans et d'une amende de 1.000 à 10.000 francs ou d'une de ces peines seulement[64].

Le tribunal saisi d'une infraction peut ordonner la fermeture temporaire ou définitive de l'établissement dans lequel l'infraction a été commise. La durée de la fermeture n'est pas inférieure à celle de la servitude pénale prononcée. Si l'auteur de l'infraction exerce une des branches de l'art de guérir, le juge peut le lui interdire temporairement ou définitivement.

Celui qui, en violation de l'interdiction, tient son établissement ouvert ou exerce l'art de guérir, encourt une peine de servitude pénale de un à six mois et une amende de 1.000 à 5.000 francs, ou une de ces peines seulement. En cas de récidive dans le délai de deux ans, après une condamnation du chef d'une infraction aux dispositions qui précèdent ou aux ordonnances et règlements prévus par le présent décret, les peines peuvent être portées au double.

[64] Articles 17 à 20 du décret Royal du 19 mars 1952 sur l'art de guérir.

IV. Techniques de lutte contre la criminalité pharmaceutique

IV.1. Techniques de lutte au niveau national

La technique de lutte contre la criminalité pharmaceutique peut être différente et spécifique à chaque milieu. Pour une lutte réussie, celle-ci doit être une affaire de tous, car chacun est une potentielle victime au même titre que chaque membre de différentes communautés.

IV.1.1. Techniques de lutte contre les vendeurs sur étalage, ambulants et établissements informels

Après repérage des sites, il est impérieux de mener une action de ramassage des produits exposés et ceux qui sont dans les caches. Les médicaments destinés à la vente illicite sont gardés dans des entrepôts ou maisons non loin de leurs étalages; il suffit de les localiser, solliciter et obtenir le mandat de perquisition de l'Officier du ministère public de la juridiction pour les récupérer et les détruire selon les procédures.

Les médicaments sur les étalages peuvent être facilement ramassés lors des opérations menées au même moment en différents sites par des perquisitions. Pour les vendeurs ambulants, les descentes de récupération sur leurs sites suffiraient à les dissuader pourvu que cela se fasse régulièrement et à l'improviste.

Pour les établissements informels, une quadruple action doit être menée auprès des autorités ministérielles, judiciaires, des entités administratives décentralisées et de la population pour l'application des normes minimales d'ouverture et de fonctionnement d'un établissement pharmaceutique.

IV.1.2. Techniques de lutte contre les importateurs et distributeurs défaillants.

Il faudra procéder à:

- la dénonciation ou constat de flagrance;
- l'assemblage des preuves de culpabilité;
- l'audition des suspects;
- l'élaboration du procès-verbal de taxation des amendes transactionnelles au profit du trésor public;
- la fermeture pure et simple des établissements suspectés;
- la transmission des procès-verbaux aux juridictions compétentes.

IV.1.3. Les démarches à suivre dans la lutte contre la criminalité pharmaceutique et faux médicaments

Plusieurs démarches s'offrent dans la lutte contre la criminalité pharmaceutique. Parmi lesquelles, nous pouvons citer:

- le renforcement des capacités des Officiers de ministère public, des Officiers de police judiciaire et des autorités et agents de douanes;
- la mise en œuvre des enquêtes sur tout lot des médicaments suspectés;
- l'établissement de la responsabilité pénale individuelle de toute personne impliquée dans la détention ou transaction des médicaments suspectés.

A. Les officiers du ministère public et de la police judiciaire

L'exercice de la profession pharmaceutique est règlementé en RDC. Il est nécessaire de rappeler à tous ceux qui sont intéressés par cette règlementation sectorielle qui s'y applique afin que ceux-ci s'y conforment pour éviter de subir la rigueur de la loi.

B. Les douaniers aux portes d'entrée

Les autorités douanières doivent donner la liste des documents accompagnant une importation en médicaments pour que la douane devienne un vrai filtre car:

1. Un douanier formé sera plus qu'averti du fait de sa présence permanente et stratégique aux frontières et eu égard au caractère transnational de la contrefaçon, la douane peut beaucoup apporter dans le combat contre ces fléaux.
2. Les Administrateurs des douanes sont appelés à jouer un rôle-clé au chapitre des « ***mesures aux frontières*** » prévues par l'Accord de l'Organisation Mondiale du Commerce sur les Droits de propriété qui touchent au Commerce, notamment à travers les procédures dites de retenue et de saisie. La retenue des marchandises présumées constituées des contrefaçons pharmaceutiques peuvent faire l'objet d'une saisie douanière.
3. Elle peut également s'appliquer aux contrefaçons de marque dans tous les cas où le service des douanes n'est pas en mesure de mettre directement en œuvre la procédure de saisie.

Les éléments du dossier dans la lutte contre la criminalité pharmaceutique et les faux médicaments sont déterminés selon les modes de saisie, en fait comme en droit. Les faits, indices, traces réunis lors des descentes sur les sites qui sont en fait des preuves de la criminalité pharmaceutique dont:

- l'exercice illégal de la pharmacie (articles 98 et 123 bis du CPL II);
- l'escroquerie pharmaceutique (article 98 du CPL II);

- l'administration des substances nuisibles à la santé (article 50 du CPL II). Cas d'administration des médicaments altérés;
- l'abstention coupable (article 150g du CPL II);

Plusieurs procès-verbaux ci-dessous sont probables à être dressés, à savoir les:

- procès-verbaux de constat;
- procès-verbaux de saisis d'objets (Médicaments);
- réquisitions à Expert (Pharmacien, laboratoire d'analyse);
- procès-verbaux d'audition des témoins ou renseignants;
- procès-verbaux de garde en vue;
- procès-verbaux de saisie de prévenu…

Ces dossiers ainsi dressés seront transférés avec ou sans prévenus auprès des OMP des:

- juridictions de droit commun si tous les délinquants civils et des
- juridictions militaires si un auteur, co-auteur ou complice est sous le drapeau.

IV.2. Techniques de lutte au niveau international

La contrefaçon des médicaments et les infractions similaires sont des crimes internationaux qui ne connaissent pas de limites ou de juridictions: un traité international contraignant pour protéger la santé publique est donc nécessaire. Il faut criminaliser la contrefaçon des médicaments et les infractions similaires pour les risques qu'elles représentent pour la santé publique.

La convention Medicrime[65] met en priorité l'accent sur la protection de la santé publique en incriminant toute présentation trompeuse, dans un but délictueux, de l'identité et/ou de la source d'un produit et les infractions similaires tout aussi dangereux.

---

[65] Convention Medicrime du Conseil de l'Europe du 28 octobre 2011.

Le traitement de la maladie est retardé à cause de l'inefficacité de médicaments contrefaits et le vrai traitement peut être rendu inutile car il sera pris trop tard. La contrefaçon des médicaments tout comme les infractions similaires tuent en silence car c'est de la maladie sous-jacente que le patient mourra à cause d'un traitement inefficace. Dans ce cas, personne ne cherchera une contrefaçon comme cause possible.

Tous les pays du monde sont touchés par la contrefaçon des médicaments et les infractions similaires menaçant la santé publique. Ce type de criminalité est avant tout international et la Convention Medicrime vient proposer le modèle en vue de combler l'absence d'instrument juridique international spécifique.

Jadis considérée uniquement sous l'angle de la violation des droits de propriété intellectuelle (fabrication de produits ressemblant aux produits authentiques), la nouvelle Convention Medicrime érige la contrefaçon et infractions similaires en délits pénaux. C'est pourquoi, les individus ou organisations qui fabriquent et diffusent des produits contrefaits seront considérés comme des délinquants à la recherche de profits rapides au détriment de la santé publique et de la vie des patients.

La Convention medicrime propose un concept novateur garantissant que des points de contacts nationaux au sein des autorités sanitaires, de la police et des douanes échangent des informations et assurent une assistance pour la gestion opérationnelle des affaires au niveau national.

Les points de contacts nationaux garantissent la coopération transfrontalière avec leurs homologues des autres pays et constituent un atout pour la mise en œuvre et le suivi effectif de la convention.

Il est temps de s'unir contre les falsifications de médicaments et infractions similaires en:

- facilitant la coopération de réseaux entre les autorités sanitaires, policières, douanières et les opérateurs économiques qui produisent et commercialisent les médicaments en collaboration avec les consommateurs des médicaments;
- soulignant l'importance de la constitution des guichets uniques de contrôle tant au niveau local, national et international et en instaurant une vigilance accrue de la vente des médicaments par internet;
- insistant sur la mise en place de dispositifs de sécurité (la certification de l'authenticité d'un médicament par SMS) pour permettre la traçabilité des médicaments.

Au regard de ce diagnostic sombre, cette situation de chose reste intolérable et ne cessera que lorsque les juridictions judiciaires s'impliqueront réellement dans la lutte contre la criminalité pharmaceutique. En clair, la police nationale, les services de douane ainsi que les services opérant le long de frontières, devront faire correctement leurs missions en privilégiant la santé publique au mépris de pesanteurs politiques.

Les autorités sanitaires devront donc faire respecter le circuit de médicament c'est-à-dire que les producteurs ne puissent servir qu'aux seuls établissements reconnus et régulièrement ouverts.

Devant la nature variée et complexe des enjeux et défis liés aux médicaments de qualité inférieure, faux, faussement étiquetés, falsifiés ou contrefaits, la lutte doit s'étendre au-delà de nos frontières par des mécanismes de coopération. La politique pénale sur la criminalité pharmaceutique ayant été bien présentée, il est donc impérieux de démontrer la criminalité pharmaceutique dans l'exercice de la profession des pharmaciens.

CHAPITRE III:

Causes, conséquences et répression de la criminalité pharmaceutique en République Démocratique du Congo

Dans ce chapitre, il est question d'analyser successivement des causes de la criminalité pharmaceutique (I), des conséquences et risque de santé (II) ainsi que l'état des lieux de la répression de la criminalité pharmaceutique dans les villes de Kisangani et de Kinshasa (III).

Nonobstant les catégories des pharmaciens qui puissent exister, l'attention de cette étude se focalise sur les pharmaciens d'officine et des établissements de vente en gros au vu de leur importance dans les deux villes et au regard des abus qu'ils commettent dans l'exercice de leur profession.

I. Causes de la criminalité pharmaceutique en République Démocratique du Congo

I.1. Les violations aux règles d'accès à la profession de pharmacien

I.1.1. Conditions générales d'exercice de la profession de pharmacien

Nul ne peut exercer la profession de pharmacien s'il n'offre toute garantie de moralité professionnelle et s'il ne réunit une des conditions suivantes:

a) être titulaire d'un diplôme de pharmacie délivré et entériné en conformité des lois et règlements en vigueur sur la collation des grades académiques;

b) posséder un diplôme de pharmacie obtenu à l'étranger et tenu pour équivalent par la commission des équivalences de diplômes.

Ce qui revient à dire que logiquement, nul ne peut gérer une pharmacie s'il ne possède le diplôme de pharmacien permettant l'exercice de la profession en Belgique ou un diplôme tenu pour équivalent[66]. Ce qui signifie que l'exercice de la profession de pharmacien est encore lié à l'histoire coloniale, d'où la nécessité de la décolonisation de ce décret pour l'adapter au contexte actuel de la RDC indépendante depuis 30 juin 1960.

Avant de pouvoir se livrer à quelque activité professionnelle que ce soit, tout pharmacien d'officine doit obtenir une autorisation d'exercice de la pharmacie auprès du ministère de la Santé publique et aucune officine pharmaceutique ne pourra être ouverte au public sans inspection préalable de l'inspection provinciale ou urbaine de la pharmacie[67].

Les mesures d'exécution du décret royal sus visé définissent, à cet effet, les règles sur:

- la création et le fonctionnement des établissements pharmaceutiques;
- la détention, l'offre en vente, la vente, la réclame, l'importation et l'exportation, l'acquisition à titre onéreux ou gratuit de tous les médicaments, y compris les substances toxiques et autres;
- la culture des plantes pharmaceutiques.

En cas de non-respect des conditions sus visées, l'auteur encourt des sanctions civiles et pénales voire administratives. Le tribunal ainsi

---

[66] Article 9 du Décret royal du 19 mars 1952 sur l'exercice de l'art de guérir.

[67] Ordonnance n°27 bis/ hyg. du 15 mars 1933 sur l'exercice de la pharmacie, article 1er et suivants.

saisi d'une infraction en la matière peut, en plus des sanctions civiles et pénales, ordonner la fermeture temporaire ou définitive de l'établissement dans lequel l'infraction a été commise pour une durée qui ne peut être inférieure à celle de la servitude pénale prononcée.

En cas de récidive dans le délai de deux ans, après une condamnation du chef d'une infraction relative à l'exercice de l'art de guérir, les peines peuvent être portées au double.

Toutes les conditions d'accès à la profession des pharmaciens et d'exercice de l'art de guérir sont contrôlées par l'ordre national des pharmaciens[68] dont les organes, les attributions et les procédures électorales sont déterminées par l'ordonnance-loi créant cet ordre professionnel.

L'ordre des pharmaciens est chargé d'assurer la défense de l'honneur et de l'indépendance de la profession. Il veille au maintien des principes de moralité, de dignité, de probité indispensables à l'exercice de la profession de pharmacien ainsi qu'à l'observance des devoirs professionnels et déontologiques telles qu'édictés dans l'annexe de la ordonnance-loi mentionnée *supra*.

Ainsi, nul ne peut exercer la profession de pharmacien en RDC s'il n'est inscrit au tableau de l'ordre. Nul ne peut être inscrit au tableau de l'ordre s'il ne remplit les conditions suivantes:

1. être de nationalité congolaise. Toutefois, l'étranger pourrait être inscrit sous les conditions de réciprocité en vertu des conventions internationales;

---

[68] Ordonnance-loi 91-018 du 30 mars 1991 portant création d'un Ordre des pharmaciens en République du Zaïre, articles 40 et suivants.

2. être titulaire d'un diplôme de pharmacien délivré par une université de la RDC ou d'un diplôme tenu pour équivalent délivré à l'étranger;
3. produire un certificat de prestation du serment de Galien;
4. présenter un certificat de bonnes vie et mœurs;
5. prêter le serment de Galien.

La demande d'inscription au tableau de l'ordre des pharmaciens est adressée au conseil national ou provincial de l'ordre selon le cas. Elle est accompagnée des documents suivants:

- une copie certifiée conforme du diplôme légalement requis pour l'exercice de la profession de pharmacien;
- un extrait de casier judiciaire datant de moins de 3 mois;
- un certificat de serment de Galien;
- une attestation de bonnes vie et mœurs délivrée par l'autorité du lieu de résidence durant les trois dernières années;
- le cas échéant, une attestation d'honorabilité délivrée par l'ordre des pharmaciens étranger auquel le requérant appartient ou a appartenu.

Sans préjudice aux pénalités fixées par le législateur sur l'exercice de la pharmacie et de l'art de guérir, tout manquement aux règles professionnelles, aux devoirs de son état, à l'honneur ou à la dignité de ses fonctions, tels que définis dans le code de déontologie pharmaceutique, constitue une faute disciplinaire. Chaque conseil provincial de l'ordre est habilité à infliger les sanctions suivantes[69]:

- l'avertissement;
- la réprimande;

---

[69] Ordonnance-loi 91-018 du 30 mars 1991 portant création d'un Ordre des pharmaciens en République du Zaïre, article 47.

- le blâme;
- l'interdiction temporaire d'exercer la pharmacie pour une durée maximum de six mois;
- l'interdiction définitive d'exercer la pharmacie.

Tout pharmacien qui aura exercé la profession sans être inscrit au tableau de l'ordre des pharmaciens ou qui l'aura exercée pendant la durée de l'interdiction temporaire ou définitive, sera puni des peines prévues par le décret du 19 mars 1952[70].

I.1.2. Les devoirs généraux de pharmacien d'officine

Dans l'exercice de sa profession, le pharmacien d'officine a le devoir d'honorer son engagement pris lors de la prestation du serment de Galien. Il doit non seulement s'abstenir de tout fait ou manifestation de nature à déconsidérer la profession, même en dehors de l'exercice de celle-ci mais aussi ne doit pas exercer, en même temps que la pharmacie, une activité incompatible avec la dignité professionnelle[71].

I.1.2.1. Le concours du pharmacien à la protection de la santé

Comme le pharmacien est au service du public, il doit faire preuve du même dévouement envers tous les malades. Quelle que soit sa fonction ou sa spécialité, hors le seul cas de force majeure, le pharmacien doit, dans la limite de ses connaissances, porter secours à un malade en danger immédiat, si des soins médicaux peuvent lui être assurés.

---

[70] Décret du 19 mars 1952 sur l'art de guérir, articles 17 à 20.

[71] Ordonnance-loi 91-018 du 30 mars 1991 portant création d'un Ordre des pharmaciens en République du Zaïre, article 3.

Le pharmacien ne doit favoriser, ni par ses conseils, ni par ses actes, des pratiques contraires aux bonnes mœurs tout en restant tenu au secret professionnel dans la limite établie par la loi. Afin d'assurer le respect du secret professionnel, le pharmacien s'abstiendra de discuter en public, notamment à l'officine, de questions relatives aux maladies de ses clients et à leur traitement.

I.1.2.2. La responsabilité et l'indépendance du pharmacien

Le pharmacien détient, prépare et délivre lui-même les médicaments et surveille attentivement l'exécution de tous les actes qu'il n'accomplit pas lui-même[72].

Toute officine doit porter, de façon apparente, le nom du ou des pharmaciens propriétaires ou, s'il s'agit d'une officine exploitée en société, le nom du ou des pharmaciens-gérants responsables.

I.1.2.3. La tenue des établissements pharmaceutiques

La préparation et la délivrance des médicaments et, plus généralement, tous les actes pharmaceutiques doivent être effectués *secundum artem*. Les pharmaciens ne peuvent exécuter que:

- les prescriptions des médecins;
- les copies des prescriptions certifiées conformes par un autre pharmacien;
- les prescriptions des dentistes lorsqu'elles concernent les anesthésistes locaux et les préparations à usage externes en rapport avec l'exercice de leur art;
- les prescriptions d'accoucheuses dans le cas extrême et lorsque mention d'urgence sera faite sur la formule;

---

[72] Ordonnance du 15 mars 1933, articles 9 et 16.

- les prescriptions des médecins vétérinaires ayant trait à la médecine des animaux.

Dès lors que toutes les prescriptions doivent porter, de façon lisible, le nom et l'adresse de l'auteur, les établissements pharmaceutiques doivent être installés dans les locaux bien adaptées aux activités qui s'y exercent et convenablement équipés et tenus et ce conformément aux normes minimales pharmaceutiques.

Tout produit se trouvant dans un établissement pharmaceutique doit pouvoir être identifié par son nom, qui doit être porté sur une étiquette disposée de façon appropriée. Cette étiquette doit être conforme au modèle réglementaire qui doit comprendre:

- le nom du médicament;
- la composition chimique du médicament;
- les noms et l'adresse du fabricant;
- la date de fabrication;
- la date de péremption et éventuellement, la posologie du médicament;
- la notice d'emploi doit accompagner l'étui de conditionnement.

Tous les produits délivrés porteront une vignette reprenant le nom et l'adresse du pharmacien.

I.1.3. L'interdiction de certains procédés dans la recherche de la clientèle

I.1.3.1. La publicité pharmaceutique

Un médicament n'est pas un produit comme les autres, des règles particulières régissent sa publicité de façon à garantir son bon usage. On entend par publicité pour les médicaments à usage humain toute forme d'information, y compris le démarchage, de prospection ou d'incitation qui vise à promouvoir la prescription, la délivrance, la vente ou la consommation de ces médicaments.

Le Code de la santé publique réglemente la publicité pour les médicaments: celle-ci ne doit pas être trompeuse, ni porter atteinte à la protection de la santé publique. Elle doit présenter le médicament ou produit de façon objective et favoriser son bon usage. Elle doit respecter les dispositions de mise sur le marché.

Seuls les médicaments ayant obtenu une autorisation de mise sur le marché peuvent faire l'objet d'une publicité. La publicité pour le grand public (par voie de presse, radio, affiches, présentoirs, vitrine) est précédée d'un contrôle *a priori* de l'autorité administrative, tandis que la publicité auprès du corps médical bénéficie d'un contrôle *a posteriori*.

La publicité pour le grand public n'est admise qu'à la condition que ce médicament ne soit pas soumis à prescription médicale, que l'autorisation de mise sur le marché ou l'enregistrement ne comporte pas de restriction en matière de publicité en raison d'un risque possible pour la santé publique.

Quand elle est autorisée, cette publicité doit être accompagnée d'un message de prudence et renvoyer au médecin en cas de persistance des symptômes.

Le pharmacien doit s'interdire de solliciter la clientèle par des procédés et moyens contraires à la dignité de leur profession, même lorsque ces derniers ne sont pas expressément prohibés par la législation en vigueur (le cas des commissionnaires en pharmacie et de la vente à la criée des médicaments comme le cas de WENZE PHAR à Kisangani).

Dans l'exercice de sa profession, le pharmacien d'officine ne doit accompagner son nom que de titres officiels (universitaire, hospitalier, scientifique)[73]. A l'exception de celles qu'impose la législation, les seules indications que les pharmaciens puissent faire figurer sous leur raison sociale, sur leurs en-têtes de lettres, des papiers d'affaires sont: les noms, prénoms, adresses, numéros de téléphone, jours et heures d'ouverture, numéros de comptes de chèques postaux.

Toute publicité auprès du corps médical et pharmaceutique doit être véridique et loyale sinon le pharmacien tombe sous le coup de publicité trompeuse.

I.1.3.2. De la concurrence déloyale pharmaceutique

Le libre choix est un droit imprescriptible des malades. Il est rigoureusement interdit au pharmacien d'y porter atteinte en octroyant, directement à certains d'entre eux, des avantages que la loi ne leur aurait pas explicitement dévolus.

Il est interdit d'accorder à l'ayant droit d'un service médico-pharmaceutique collectif, le remplacement d'un produit par une autre fourniture, même considérée comme ayant une valeur équivalente ou supérieure. Les pharmaciens investis de mandats électifs ou administratifs ne doivent pas en user pour accroître leur clientèle.

I.1.3.3. Prohibition de certaines conventions ou ententes illicites

Est réputée contraire à la moralité professionnelle, toute convention ou tout acte ayant pour objet de spéculer sur la santé ainsi

[73] Ordonnance-loi 91-018 du 30 mars 1991 portant création d'un Ordre des pharmaciens en République du Zaïre, article 18.

que le partage, avec des tiers, de la rémunération des services du pharmacien.

Sont, en particulier, interdits[74]:

- tous versements et acceptations non explicitement autorisés, de sommes d'argent entre les praticiens de la santé;
- tous versements et acceptations de commissions entre les pharmaciens et toutes autres personnes;
- toute remise illicite en argent ou en nature sur le prix d'un produit ou d'un service;
- tout acte de nature à procurer à un client un avantage illicite;
- toute facilité accordée à quiconque qui se livre à l'exercice illégal de la pharmacie.

Tout compérage entre pharmaciens et médecins, auxiliaires médicaux ou toutes autres personnes est interdit. Par définition, le compérage est l'intelligence entre deux ou plusieurs personnes, en vue d'avantages obtenus au détriment du malade ou des tiers.

Ne sont pas comprises dans les ententes et conventions prohibées entre pharmaciens et membres du corps médical, celles qui tendent aux versements de droits d'auteur ou d'inventeur.

I.1.4. Le pharmacien d'officine face au public

Chaque fois qu'il est nécessaire, le pharmacien doit inciter ses clients à consulter un médecin et ne peut modifier une prescription qu'avec l'accord exprès et préalable de son auteur. Ils doivent répondre avec circonspection aux demandes faites par les malades ou

[74] Annexe de l'ordonnance-loi 91-018 du 30 mars 1991 portant création d'un Ordre des pharmaciens en République du Zaïre, article 25.

par leurs préposés pour connaître la nature de la maladie traitée ou la valeur des moyens curatifs prescrits ou appliqués.

Ils doivent s'abstenir de formuler un diagnostic ou un pronostic sur la maladie ou traitement de laquelle ils sont appelés à collaborer. Notamment, ils doivent éviter de commenter médicalement, auprès des malades ou de leurs préposés, les conclusions des analyses prescrites.

I.1.5. Relations avec les membres des professions médicales

I.1.5.1. Relations de pharmacien avec les membres des professions médicales

Les pharmaciens doivent s'efforcer de créer entre eux-mêmes et les autres membres du corps médical des sentiments d'estime et de confiance. Ils doivent, dans leurs rapports avec les membres de professions sanitaires, respecter l'indépendance de ceux-ci.

Ils doivent éviter tout agissement tendant à nuire aux autres membres du corps sanitaire et de leur clientèle tout en veillant à ce que des consultations médicales ne soient jamais données dans l'officine et par qui que ce soit.

I.1.5.2. Relations de pharmaciens avec leurs collaborateurs

Le pharmacien doit traiter avec équité et bienveillance tous ceux qui collaborent avec lui. Ils doivent exiger de lui une conduite en accord avec les prescriptions du code de déontologie pharmaceutique.

I.1.5.3. Devoirs de confraternité

Tous les pharmaciens se doivent mutuellement aide et assistance pour l'accomplissement de leurs devoirs professionnels[75]. En toute circonstance, ils doivent faire preuve de loyauté les uns envers les autres et de solidarité. Tout contrat passé entre pharmaciens doit être sincère et juste. Les obligations qui en découlent doivent être accomplies dans un large esprit de confraternité.

Les pharmaciens doivent s'interdire d'inciter les collaborateurs d'un confrère à quitter celui-ci. Avant de prendre à leur service l'ancien collaborateur d'un confrère du proche voisinage ou d'un concurrent, ils doivent en informer celui-ci. Toute contestation à ce sujet doit être soumise à la décision de l'organisation professionnelle compétente.

Toute parole ou tout acte de nature à porter un préjudice matériel ou moral à un confrère est répréhensible même s'il a lieu dans le cadre privé. Leur devoir de confraternité fait obligation aux pharmaciens qui ont entre eux un différend d'ordre professionnel, de tenter de se réconcilier; s'ils ne peuvent y réussir, ils doivent en aviser le président du conseil de l'ordre.

I.1.6. L'exercice de la profession de pharmacien dans les villes de Kisangani et de Kinshasa

L'exercice de la profession de pharmacien est soumis au strict respect non seulement des conditions de forme mais également celles de fond. Ces conditions se caractérisent à travers l'accomplissement de certaines formalités d'usage en vue de l'obtention de l'autorisation d'ouverture d'une officine ainsi que la procédure à suivre.

[75] Annexe de l'ordonnance-loi 91-018 du 30 mars 1991 portant création d'un Ordre des pharmaciens en République du Zaïre, article 43.

I.1.6.1. Conditions d'ouverture d'un établissement pharmaceutique en RDC.

La période de l'étude renseigne qu'il y a lieu de constater l'ouverture anarchique et exagérée des établissements pharmaceutiques dans les deux mégapoles. Ce qui expose la population aux dangers dus à l'usage irrationnel des médicaments, à des trafics illicites et des fraudes de toute sorte.

Cette prolifération des officines pharmaceutiques constitue à ce jour un goulot d'étranglement de la mise en œuvre de la politique nationale sanitaire qu'il appert de vite protéger le secteur contre la criminalité pharmaceutique et les médicaments de qualité douteuse. Devant cette situation plus que périlleuse, il y a nécessité de mettre à la disposition de la population des médicaments de qualité fiable à travers la mise en place des mécanismes d'assainissement et de promotion du secteur pharmaceutique.

De prime à bord, il est impérieux de faire l'état de lieux, conformément aux annexes I, II, III et IV de l'arrêté n°1250 pour apprécier la régularité d'application des normes minimales pour tout établissement pharmaceutique dans les deux villes.

Au regard de l''article 1er de l'arrêté sus visé, l'octroi des autorisations d'ouverture des établissements pharmaceutiques relève de la compétence du Ministre de la santé publique. Cette autorisation n'est délivrée qu'à un pharmacien pour un seul établissement pharmaceutique et est établie conformément au modèle préconçu et codifié.

En cas de cessation d'activités du pharmacien pour une raison ou une autre, ce dernier est tenu d'en informer par écrit l'Inspection provinciale ou urbaine avec copie à la DPM dans un délai de 15 jours.

Si après contrôle, il s'avère que le départ du pharmacien est provoqué par une faute lourde de l'employeur, l'établissement pharmaceutique sera immédiatement fermé et l'autorisation retirée. Dans le cas contraire, l'établissement pharmaceutique fonctionnera sous responsabilité d'un pharmacien de l'Etat qui en assurera l'intérim pour un délai ne dépassant pas trois mois.

En cas de dépassement, l'établissement sera fermé jusqu'à l'engagement d'un nouveau pharmacien gérant et jusqu'à la régularisation du dossier administratif. Les établissements pharmaceutiques autorisés doivent respecter le circuit de distribution des médicaments fixé de la manière suivante :

1. Les laboratoires de fabrication et grossistes répartiteurs distribuent leurs produits auprès des établissements de vente en gros autorisés et aux pharmacies hospitalières des établissements médicaux publics ou privés autorisés dans le cadre de la zone de santé.

2. Les établissements de vente en gros délivrent leurs produits :
   - aux pharmacies privées autorisées,
   - aux pharmacies internes autorisées des établissements de soins de santé privés autorisées,
   - aux pharmacies hospitalières des établissements publics.

3. Les pharmacies privées autorisées délivrent leurs médicaments aux:
   - dispensaires et aux cabinets privés uniquement sur base de la LNME ainsi qu'aux malades,
   - propriétaires des compagnies de transport long courrier (bateaux, trains, avions, véhicules) aux directeurs d'écoles et aux gestionnaires des marchés de trousses de secours.

4. Les établissements pharmaceutiques autorisés distribuent et dispensent les MTA ayant obtenu une AMM.

Pour asseoir ces mécanismes, toute vente en gros des médicaments ne peut s'effectuer que contre remise d'un bon de commande dûment signé par un pharmacien autorisé.

I.1.6.2. La démarche pour l'ouverture d'un établissement pharmaceutique en RDC

A. Généralités

Le pharmacien gérant d'un établissement pharmaceutique doit solliciter un avis d'implantation auprès du pharmacien inspecteur provincial ou urbain. En cas d'avis d'implantation favorable, ce pharmacien doit solliciter du pharmacien inspecteur provincial ou urbain un procès-verbal de constat des lieux et constituer le dossier de demande d'autorisation d'ouverture comprenant un dossier technique d'investissement pour la faisabilité de l'établissement pharmaceutique.

L'avis d'implantation ayant été donné, le procès-verbal de constat dûment dressé, le pharmacien gérant doit solliciter l'autorisation d'ouverture auprès de la DPM qui procèdera, à cet effet, à l'étude objective du dossier et dresser un rapport circonstancié après avis de la commission de contre-expertise prévue à l'annexe I de l'arrêté n°1250. En cas de rapport favorable, le pharmacien gérant demandeur est autorisé à effectuer le paiement de la taxe et les frais administratifs y afférents au profit du Trésor public.

Le bordereau de versement de la créance de l'Etat étant libératoire, le dossier doit être transmis au cabinet du ministre de la Santé publique *via* le Secrétaire général pour signature et transmis au pharmacien demandeur *via* la DPM et l'Inspection pharmaceutique provinciale ou urbaine.

B. Procédure

La procédure relative à l'obtention d'une autorisation d'ouverture d'un établissement pharmaceutique est réalisable en 4 étapes de la manière suivante :

1ère étape: Avis d'implantation

La demande de l'avis d'implantation est adressée par le pharmacien gérant au pharmacien inspecteur provincial ou urbain dont une copie est adressée à la DPM. Il est tout à fait nécessaire, pour chaque établissement pharmaceutique, de joindre à cette demande un contrat de travail dûment signé au cas où le pharmacien gérant est employé.

Le pharmacien inspecteur doit requérir l'avis du conseil provincial de l'ordre sur la régularité du pharmacien. L'avis d'implantation est émis par le pharmacien inspecteur au vu d'un procès-verbal de visite de site et d'un rapport du conseil provincial de l'ordre des pharmaciens sur la régularité du pharmacien.

L'avis d'implantation émis doit être libellé clairement avec la mention: favorable ou défavorable et doit renseigner sur:

- la dénomination de l'établissement;
- la nature des activités (pharmacie, maison de vente en gros, Laboratoire, pharmacie vétérinaire, maison d'optique ou lunetterie,...);
- le nom du pharmacien gérant;
- le nom du propriétaire ou promoteur;
- la distance minimale avec d'autres sites autorisés (500 à 1000 m); uniquement pour les pharmacies ouvertes au public);
- le nombre d'établissements hospitaliers environnants;
- la concentration de la population.

L'avis d'implantation doit être notifié au demandeur dans un délai ne dépassant pas 60 jours ouvrables après réception de la demande par le pharmacien inspecteur dont copie de cet avis est adressée à la DPM.

Le pharmacien qui a reçu un avis favorable d'implantation dispose de 3 mois maximum pour constituer et introduire officiellement son dossier de demande d'autorisation d'ouverture d'un établissement pharmaceutique. Pendant ce temps, aucune autre demande concernant l'ouverture d'un autre établissement pharmaceutique dans le même site ne peut être ni acceptée ni étudiée.

2ème étape: Demande de procès-verbal de constat des lieux

Le pharmacien détenteur d'un avis d'implantation favorable sollicite par lettre adressée au pharmacien inspecteur un procès-verbal de constat de lieux[76] dans les 3 mois dont copie est adressée à la DPM.

3ème étape: Constitution du dossier de demande d'ouverture

Le dossier de demande d'ouverture est à constituer en quatre exemplaires et comprend les documents ci-après:

- la lettre de demande d'ouverture adressée au ministre de la Santé publique par le pharmacien gérant de l'établissement pharmaceutique concerné,
- le procès-verbal de constat de lieux établi par le pharmacien inspecteur provincial ou urbain,
- un avis d'implantation favorable délivré par le pharmacien inspecteur provincial ou urbain,

---

[76] Annexe 2 de l'Arrêté Ministériel N°1250/CAB/MIN/S/AJ/01 du 14 mars 2000.

- les pièces visées aux points 1 à 4 de l'annexe I de l'Arrêté ministériel n°1250/CAB/MIN/S/AJ/01 du 14/03/2000.

Les quatre exemplaires ainsi constitués seront déposés de la manière suivante: l'original du dossier est adressé au ministre de la Santé, un exemplaire à la DPM, un exemplaire à l'inspection pharmaceutique provinciale ou urbaine et un autre exemplaire à conserver.

4ème étape: Traitement du dossier

Le dossier qui est introduit auprès de l'administration de la santé est soumis au traitement de la manière suivante:

- au niveau de l'Inspection pharmaceutique provinciale ou urbaine,
- au niveau de la DPM,
- au niveau du secrétariat général à la Santé,
- au niveau du cabinet du ministre de la Santé,
- le retour du dossier à la DPM,
- le retour de l'autorisation d'ouverture à l'Inspection pharmaceutique.

I.2. Les violations aux règles d'établissement pharmaceutique en RDC

Dans les lignes qui suivent, il est question de faire un état des lieux du niveau du respect des normes pharmaceutiques par tous les acteurs impliqués dans le secteur pharmaceutique (les officines pharmaceutiques, les établissements de vente en gros, des pharmacies internes…).

I.2.1. Etat des lieux de la tenue des officines pharmaceutiques dans les deux villes.

Une officine pharmaceutique est celle qui est affectée à l'exécution des prescriptions médicales, aux préparations magistrales, à la préparation des «*spécialités maisons*» et à la délivrance en détail des médicaments enregistrés et autorisés.

Ainsi le pharmacien d'officine est celui qui assume la responsabilité de tout ce qui est préparé et dispensé dans l'officine. Pour ce faire, il supervise et assure la préparation et la dispensation des médicaments.

Le pharmacien joue le rôle du conseiller auprès de ses clients car il assume l'éducation thérapeutique qui regroupe à la fois des aspects de conseils concernant une pathologie pour laquelle le patient vient à l'officine, sur l'observance de la prise des médicaments, de recherche d'incompatibilité entre les médicaments prescrits et de règles déontologiques à l'activité du pharmacien d'officine.

Le pharmacien a aussi pour rôle d'orienter les patients vers les différents professionnels de santé si la médication dont il dispose n'est pas suffisante ou si le moindre doute existe sur la nature de la pathologie.

A Kinshasa comme à Kisangani, la pharmacie, loin de remplir fidèlement la mission leur assignée, elle se transforme soit en « ***boutiques des médicaments ou de la mort*** ». Tout y est vendu sans respect de normes ni éthique. La pharmacie est considérée comme toute boutique où le médicament est vendu parfois mélangé avec d'autres marchandises sans respect de bonnes pratiques de distribution comme nous les témoignent les photos 18 et 19.

Photo 18: La vente en vrac sur la barge du bateau MAMPENZA au beach DOKOLO à Kisangani.

Photo prise à Kisangani le 30 novembre 2012.

Photo 19: La vente en ambulatoire des médicaments au port DOKOLO à Kisangani

Photo prise à Kisangani le 30 novembre 2012.

Dans un tel environnement, pouvons-nous affirmer que les médicaments qui proviendront de ce circuit illicite garantiront le droit à la santé des consommateurs?

De grande surprise, ce circuit illicite des médicaments ne préoccupe personne, que ça soit les autorités sanitaires, policières, politico-administratives et judiciaires. Toutes ces autorités assistent passivement devant la criminalité pharmaceutique et la consacrent par abstention comme une impunité des pharmacriminels.

Toute pharmacie doit être installée dans une maison construite en matériaux durables, plafonnée, électrifiée, d'une superficie d'au moins 45 m^2 comprenant au moins 4 pièces respectant l'espace vital et l'esthétique de l'ensemble. De ces 4 pièces, il faut entendre une salle de délivrance (20 m^2), une salle de stockage et laboratoire (16 m^2), un bureau du pharmacien (9 m^2) ainsi que des installations hygiéniques propres.

Si à Kinshasa, la plupart des officines sont installées dans les constructions en matériaux durables, à Kisangani, certaines pharmacies y sont également implantées mais d'autres y sont en constructions non durables et aucune ne remplit toutes les conditions exigées suivant le tableau ci-dessous.

Tableau 2: Etat de lieux de la description de la tenue des officines pharmaceutiques dans la ville de Kisangani de 2008 à 2012

	Officines pharmaceutiques					
	Constructions		Equipements			
Nbre	Durables	Non durables	Climatisation Appropriée	Climatisation inappropriée	Frigo	Toilette
402	121	281	12	390	20	0

Source : Inspection provinciale de pharmacies/Province Orientale 2012.

Il ressort de ce tableau que sur 402 officines que compte la ville de Kisangani, seules 121, soit 30,1%, sont installées dans des maisons construites en matériaux durables contre 281, soit 69,9%, sont en semi-durables (ou en bois de coffrage y compris). Parmi elles, 12 officines pharmaceutiques, soit 2,98%, ont une climatisation appropriée contre 390, soit 97,02%. Seules 20 officines, soit 4,97%, ont des frigidaires contre 392, soit 95,03%, qui n'en ont pas.

Aucune d'elles n'a de toilettes appropriées. Ce qui revient à démontrer que les bonnes pratiques de distribution ne sont pas respectées et, par voie de conséquence, il y a risque de tomber sur les médicaments très mal conservés avec tous les risques sur la santé des consommateurs, comme le renseigne les photos ci-dessous :

Photos 20, 21 et 22: Le modèle typique des officines construites en matériaux moins durables à Kisangani et à Kinshasa.

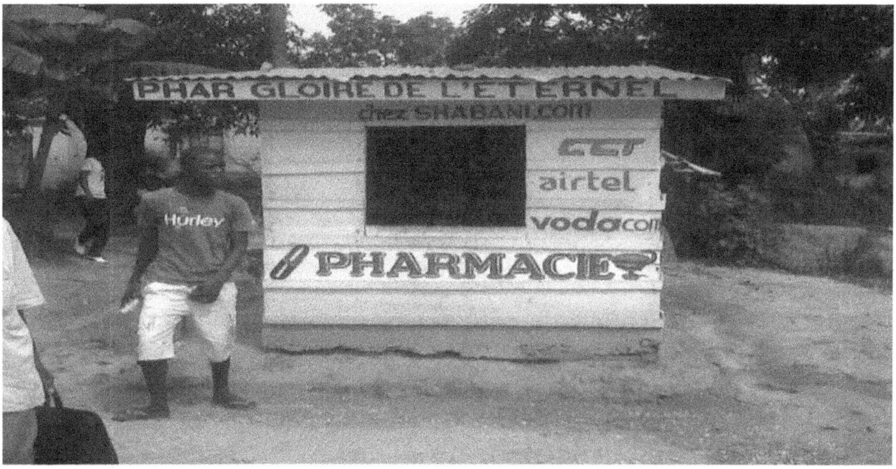

Photos prises à Kisangani le 30 novembre 2012 dans la commune de Kisangani et au beach I.A.T dans la commune Makiso.

Comme nous pouvons le constater, ces officines pharmaceutiques sont installées dans des boutiques de fortune, construites soit en bois de coffrage ou non, sans plafond ni ventilateur moins encore un frigidaire.

Si la première est gérée par un propriétaire-gérant mineur et d'autres produits y sont également vendus tels les unités téléphoniques, la seconde est la propriété d'un policier commis au sous commissariat de la police commis à ce beach. Toutes les 2 boutiques de la mort sont loin d'appliquer les bonnes pratiques de conservation et de distribution car installées dans un endroit insalubre et sans normes.

La photo 22 ci-après illustre une officine située derrière l'aéroport militaire de Ndolo dans la ville de Kinshasa à PAKADJUMA, implantée à côté de la décharge des fosses septiques. Le message y inscrit traduit l'inefficacité des médicaments et laisse croire la guérison par la foi.

Photo 22: Le modèle typique des officines construites en matériaux non durable à Kinshasa - Pakadjuma

Photo d'une officine installée depuis 2010, prise à Kinshasa - Pakadjuma le 15 juillet 2014.

Après analyse, aucune pharmacie n'a atteint 45 m^2 de superficie ni construite avec installations hygiéniques. C'est ce qui oblige aux tenanciers de se rendre aux toilettes où ils sont locataires avec des conditions hygiéniques très précaires sans aucune précaution avant toute manipulation de médicaments. Un tel environnement n'est donc pas susceptible à offrir les médicaments dans des conditions pouvant garantir le droit à la santé des consommateurs.

Du point de vue des moyens de conservation, toute officine pharmaceutique doit avoir une climatisation appropriée, frigidaire et étagères métalliques ou en bois laqué et armoires.

Même si les pharmacies de Kinshasa et de Kisangani sont considérées comme « ***boutiques de la mort*** », elles ont quelques étagères soit métalliques soit en bois, la majorité reste sans système de climatisation appropriée (sans climatiseur, ni plafonnier, ni ventilateur, parfois sans fenêtre, des médicaments sont collés au mur sans respect de la distance de 30 cm, moins de pharmacies sont climatisées et la plupart ne possèdent pas de frigidaires pour les médicaments thermolabiles).

Il y a lieu de constater avec regret comment les produits solutés qui exigent une certaine température de conservation, sont toujours exposés sur la rangée la plus haute et tout près de la toiture. Qu'arrivera-t-il au bout d'un certain temps et quel risque sur la santé ? Répondre à cette question mérite son pesant d'or du fait de risque qu'encourt le consommateur.

Certains pharmacies sont parfois transformées en dépôt et servent d'une chambre à coucher pour le tenancier ou vendeur comme le témoignent les photos 24 et 25.

Photo 23: Etat des lieux de transformation d'une officine pharmaceutique à un dépôt d'autres boutiques commerciales à LUBUNGA dans la ville de Kisangani

Photo prise à LUBUNGA- KISANGANI, le 5 octobre 2012.

Photo 24: Etat des lieux de transformation d'une officine comme chambre à coucher à LUBUNGA dans la ville de Kisangani

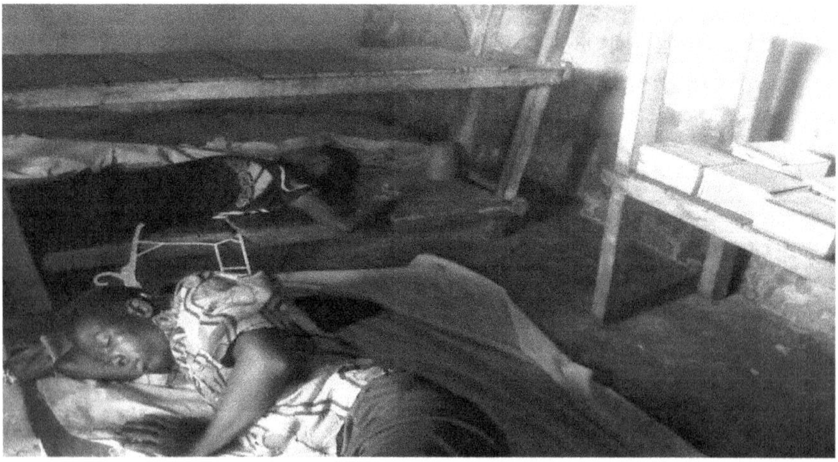

Photo prise dans la commune de Lubunga le 5 octobre 2012.

Ici, faute de logement pour le tenancier, les étagères servent aussi de lit à coucher.

Du point de vue de la gérance, une pharmacie doit être gérée, en principe, par un pharmacien gérant qui y travaille à temps plein et habite la localité où est implantée la pharmacie ; il peut être secondé par un ou plusieurs assistants en pharmacie.

Après analyse, pendant la période sous étude, aucune de pharmacie de Kisangani n'est gérée par un pharmacien à temps plein. Tout le monde exerce illicitement la délivrance des médicaments. La gérance est parfois rotative c'est-à-dire tour à tour par le tenancier, le vendeur, sa femme, ses petits-frères ou beaux-frères, ses fils ou filles parfois mineurs ou supervisées par certains pharmaciens.

Ceci démontre à suffisance le degré de l'ignorance de la réglementation pharmaceutique sur l'exercice de la profession de pharmacien dans les 2 villes. Ici, les médicaments sont vendus comme tout produit de consommation courante et il est difficile d'établir une démarcation entre la gérance et la propriété de la pharmacie.

Les villes de Kisangani et de Kinshasa s'illustrent délibérément au prescrit sur la distance entre les officines car il y existe des officines jumelles qui se suivent. Le cas le plus criant à Kisangani est la situation de WENZE PHAR où l'on dénombre près de 25 boutiques de la mort ne remplissant aucun critère de viabilité d'une pharmacie. Ce marché de la mort fait circuler au mépris des textes légaux et réglementaires les médicaments de qualité douteuse.

C'est à la suite de cet exercice illicite de la profession de pharmacien que dans les 2 villes, nous pouvons relever la situation des commissionnaires en pharmacie pourtant prohibée par la loi. Ce circuit illicite d'approvisionnement fournit frauduleusement les médicaments de qualité douteuse, impropres à la consommation.

Pour la ville de Kinshasa, il est impérieux de constater quelques irrégularités relatives à la tenue des officines susceptibles de limiter l'accès aux médicaments de qualité, suivant le tableau 3 ci-dessous.

Tableau 3: Etat des lieux de répartition géographique des officines de la ville de Kinshasa, de 2008 à 2012.

DS/ZS	Ets pharm.	Ets pharm. autorisés	%	Ets pharm. non autorisés par le MSP	%	Répartition des établissements pharmaceutique selon la catégorie			
						Confes-sion/ ONG	EVG	officines	Officines internes
DS GOMBE	**198**	**6**	**13,13**	**72**	**86,87**	**11**	**68**	**118**	**1**
ZS Gombe	69	4	20,29	5	79,71	0	58	11	0
ZS Lingwala	35		11,43	1	88,57	0	0	35	0
ZS Barumbu	46		15,22	9	84,78	0	10	35	1
ZS Kinshasa	48		2,08		97,92	11	0	37	0
DS NDJILI	**261**		**2,68**	**54**	**97,32**	**0**	**4**	**257**	**0**
ZS Ndjili	96		2,08	94	97,92	0	0	96	0
ZS Biyela	10		0,00	0	100	0		10	0
ZS Kikimi	2		0,00		100	0		2	0
ZS Masina 1	67		5,97	3	94,03	0		66	0
ZS Masina 2	25		0,00		100	0		23	0

				5					
ZS Kimbanseke	54		1,85	3	98,15	0		53	0
ZS Kingasani	7		0,00		100	0		7	0
DS FUNA	**324**		**1,23**	**21**	**99,07**	**12**		**312**	**0**
ZS Kasa Vubu	68		0,00	8	100	0		68	0
ZS Ngiri-Ngiri	61		1,64	0	98,36	0		61	0
ZS Bumbu	107		0,00	07	100	1		106	0
ZS Makala	88		2,27	6	97,73	11		77	0
DS KALAMU	**506**		**1,58**	**98**	**98,42**	**1**		**501**	**2**
ZS Kalamu 1	49		4,08	7	95,92	0		49	0
ZS Kalamu 2	53		1,89	2	98,11	0		53	0
ZS Lemba	132		3,79	27	96,21	1		130	1
ZS Matete	54		0,00	4	100	0		54	0
ZS Ngaba	68		0,00	8	100	0		68	0
ZS Limete	89		0,00	9	100	0		86	1
ZS Kingabwa	48		0,00	8	100	0		48	0
ZS Kisenso	13		0,00	3	100	0		13	0
DS LUKUNGA	**453**		**1,32**	**47**	**98,68**	**0**		**453**	**0**
ZS Bandalungw	79		1,27	8	98,73	0		79	0
ZS Kintambo	37		0,00	7	100	0		37	0

ZS Selembao	81		1,23	0	98,77	0		81	0
ZS Mont Ngafula 1	43		0,00	3	100	0		43	0
ZS Mont Ngafula 2	18		0,00	8	100	0		18	0
Binza Météo	91		3,30	8	96,70	0		91	0
Binza Ozone	104		0,96	03	99,04	0		104	0
DS NSELE	11		0,00	1	100	0		84	0
ZS Nsele	8		0,00		100	0		81	0
ZS Maluku	3		0,00		100	0		3	0
TOTAL	1753	7	2,68	706	97,32	24	5	1651	3

Source : Inspection provinciale des Pharmacies, Ville de Kinshasa, 2012.

Il ressort de ce tableau que sur 1753 officines pharmaceutiques que compte la ville de Kinshasa, seules 47, soit 2,68%, sont autorisées car remplissant des normes minimales contre 1706, soit 97,32% non autorisées par le Ministre de la santé publique. Ces dernières fonctionnent soit sur base des avis d'implantation, soit des autorisations communales.

Ainsi, pour une population kinoise estimée à près de 13 millions d'habitants, la ville de Kinshasa devrait avoir selon les normes 1.300 officines et 453 officines sont à fermer.

Cependant, dans la ville de Kisangani, pour une population estimée à 1.310.587 habitants, la répartition des pharmaciens suivraient la configuration démontrée par le tableau suivant.

Tableau 4: Etat des lieux de répartition géographique des officines face à la démographie des zones de santé de Kisangani, de 2008 à 2012.

Communes	Population	Officines pharmaceutiques					
		recensées	Enregistrées	Non enregistrées	Autorisée	Prévisibles	A fermer
MAKISO	142.968	104	74	30	**1**	**14**	**90**
LUBUNGA	261.640	50	36	14	**0**	**26**	**24**
MANGOBO	270.759	87	59	28	**0**	**27**	**60**
TSHOPO	266.420	53	38	15	**0**	**27**	**26**
KISANGANI	116.577	29	21	8	**0**	**12**	**17**
KABONDO	252.223	79	59	20	**0**	**25**	**54**
TOTAL	1.310.587	**402**	**287**	**115**	**1**	**131**	**271**

Source : *Inspection provinciale de la pharmacie/ Pr. Orientale 2013.*

Il ressort de ces enquêtes que contrairement aux données reçues des services spécialisées de l'inspection provinciale de la pharmacie faisant état de 287 officines pharmaceutiques fonctionnelles, pendant la période de l'étude, il y a lieu de dénombrer à 402 soit un décalage de 115 officines non enregistrées. Tenant compte de la démographie de chaque zone de santé, seules 131 sur 402 officines sont prévisibles à fonctionner soit 32,58 % contre 271 sur 402 à fermer soit 66,42 %.

De grande surprise, il y a lieu de constater qu'une seule officine, soit 0,24%, est détentrice de l'autorisation de fonctionnement du Ministre de la santé publique (PHARMALI).

Cette prolifération justifie à juste titre le dysfonctionnement de l'inspection provinciale et urbaine des pharmacies motivé par les pressions politiques toutes les fois que cette dernière tente de s'y opposer, d'où l'ouverture anarchique et exagérée des officines sans respect des normes.

I.2.2. Etat des lieux de la tenue des EVG dans les deux villes congolaises

Par définition, un établissement de vente en gros est non seulement tout établissement d'importation et de distribution en gros des médicaments et autres produits médicaux et paramédicaux, mais aussi tout établissement qui assure la distribution des produits importés par ses propres soins ou par un grossiste répartiteur et/ou fabriqué localement, aux officines ouvertes au public, aux pharmacies hospitalières et aux officines internes, moyennant un bon de commande dûment signé par un pharmacien gérant[77].

Par sa description: tout EVG doit être implanté dans une maison construite en matériaux durables, plafonnée, d'une superficie d'au moins 150 m^2 comprenant au moins 5 pièces respectant l'espace vital et l'esthétique de l'ensemble. Ces pièces doivent abriter la salle d'entreposage, la salle d'attente et de délivrance, le bureau du pharmacien, le secrétariat et la comptabilité ainsi que les installations hygiéniques propres internes ou externes.

A travers les moyens de conservation: tout établissement de vente en gros doit avoir une climatisation appropriée, Frigidaire, Etagères métalliques ou en bois laqués et armoires, palettes en bois pour disposer les produits ainsi qu'une température inférieure à 22°C et une humidité inférieure à 60%.

[77] Normes pharmaceutiques en RDC, 2001.

La gérance doit être assurée par un pharmacien gérant qui doit y travailler à temps plein et secondé par un ou plusieurs assistants en pharmacie. Pendant la période de l'étude, le constat sur la gérance et la tenue des EVG laisse à désirer car sur 74 EVG que comptent les 2 villes soit 68 pour Kinshasa et 6 pour Kisangani, bien que tous sont tenus par les pharmaciens, ils ne remplissent pas toutes normes minimales exigées pour une tenue régulière d'un dépôt pharmaceutique.

Il leur est reproché de ne pas suivre le circuit de dispensation car ils vendent aussi sur base des ordonnances médicales, sans bons de commandes et/ou aux officines non autorisées. Ils emploient des délégués commerciaux qui ne sont pas de pharmaciens, mettent en vente des médicaments non analysés et parfois des médicaments sans AMM ou non accompagnés des bulletins d'analyse.

Dans des cas rares, quelques établissements de vente en gros ou officines déclarent volontairement des médicaments contrefaits, périmés ou gâtés auprès des Inspecteurs des pharmacies. Mais le plus souvent, c'est au cours des inspections pharmaceutiques que l'on découvre plusieurs abus entre autres le recours au commerce triangulaire, la mise en vente des produits impropres à la consommation. Ce qui démontre à suffisance qu'ils n'appliquent pas de bonnes pratiques de distribution.

I.2.3. Etat des lieux de la tenue des pharmacies internes ou hospitalières dans quelques hôpitaux dans les deux villes congolaises

Une pharmacie interne hospitalière est celle ouverte au sein d'un établissement de soins de santé privée ou paraétatique pour les besoins propres de ses patients.

Elle peut aussi se définir comme un ensemble d'activités à caractère médico-pharmaceutique au sein d'une formation médicale publique dont les conditions de description, de conservation, de gérance et fonctionnement sont sous la responsabilité d'un pharmacien.

Dans les 2 mégapoles, il y a plusieurs pharmacies internes ou hospitalières dans les hôpitaux privés et généraux publics. Néanmoins, faute de données, il nous a été impérieux de poser un regard sur les hôpitaux généraux.

Toutefois, toutes les pharmacies internes ou hospitalières des hôpitaux généraux ne remplissent pas toujours des normes relatives à la gérance ni à la superficie. La plupart de ces officines délivrent aussi les médicaments à quiconque le veut avec plusieurs contraintes du courant électrique pour le fonctionnement des frigidaires en vue de la conservation des produits thermolabiles.

Dans la ville de Kisangani, les HGR de la Tshopo, Mangobo, Lubunga et Kisangani ont des pharmaciens affectés qui n'ont jamais rejoint leur poste et ce sont des infirmiers qui assument la fonction du pharmacien. En plus, il n'est pas rare de trouver les infirmiers de garde et les médecins détenir par devers eux-mêmes des médicaments qu'ils vendent aux malades la nuit et au besoin, parfois plus chers que le prix normal.

I.2.4. Etat des lieux de l'inspection pharmaceutique dans les deux villes.

D'après la réglementation en vigueur, le ministère de la Santé publique procède à l'inspection des établissements pharmaceutiques avant l'octroi de l'autorisation d'ouverture, pendant leur fonctionnement, au contrôle de leurs importations, à l'application de bonnes pratiques de distribution et de bonnes pratiques de fabrication.

Cependant, les listes de ces établissements ne sont pas publiées régulièrement.

Faute de données statistiques sur les rapports des inspections pharmaceutiques effectuées durant la période sous étude, les médicaments dont la qualité était contrefaite, altérée, falsifiée ou corrompue ont été brûlés.

A Kinshasa, des médicaments « contrefaits et impropres à la consommation », évalués à « environ 30 tonnes», ont été saisis et retirés du marché dans une opération débutée en 2012 et destinée à « éliminer la criminalité pharmaceutique», opération initiée par l'organisation internationale de la police criminelle (Interpol). Cette opération se déroule concomitamment en RDC et dans plusieurs autres pays d'Afrique[78] suivant la photo 18 ci-dessous.

---

[78] *Online Dépêches* sur le rapport de l'Interpol RDC, publié le mercredi 12 juin 2013.

Photo 25: Etat des lieux de saisis des médicaments vendus sur étalage à Kinshasa en 2012.

Photo prise à Kinshasa par l'Interpol lors de l'opération « éliminer la criminalité pharmaceutique », décembre 2012.

Sur le plan national, l'opération a donc impliqué plusieurs autres services de l'Etat, dont le parquet général de la République, la Direction générale des migrations (DGM), l'Office congolais de contrôle (OCC) ainsi que l'Ordre des pharmaciens, la police nationale congolaise et les autres services constitués en commission.

Cet échantillon tiré de la traque effectuée dans les 2 villes ne garantit en rien la circulation des médicaments de qualité douteuse car les inspecteurs ne parviennent pas à retirer de la circulation tous les produits déclarés impropres à la consommation. D'autres continuent à être vendus et prescrits aux consommateurs ignorants.

II. Les conséquences de la criminalité pharmaceutique sur la santé

II.1. Les conséquences majeures

Comme le médicament de mauvaise qualité est un tueur silencieux distribué par des criminels sans norme, la non-résolution et la persistance de ces problèmes majeurs cités *supra* et l'absence d'une répression dissuasive de la criminalité pharmaceutique ont comme conséquences majeures:

II.1.1. L'aggravation des taux de morbidité et de mortalité due au manque des médicaments de qualité

L'utilisation de médicaments de mauvaise qualité peut aussi bien entraîner des effets cliniques indésirables, des conséquences économiques ainsi qu'affecter la crédibilité du système de santé car ils sont des armes silencieuses et à destruction massive.

Dans ce contexte, il y a lieu d'observer les risques de résistance, les effets toxiques, les échecs thérapeutiques qui entraînent un allongement des délais d'hospitalisation, une crise de confiance entre les malades et les prestataires, une complication de la maladie, le décès, etc.

D'où la mauvaise qualité des médicaments est la cause de l'aggravation de la morbidité, de la mortalité, de l'échec thérapeutique et de l'apparition de la résistance de la maladie.

II.1.2. La recrudescence des maladies endémo-épidémiques

Le cas le plus visible est à démontrer dans les groupes de population les plus vulnérables (enfants, déplacés, réfugiés, femmes enceintes, victimes des catastrophes diverses). Ainsi, faute du stock stratégique des médicaments pour l'Etat nécessaire en cas de catastrophes ou des urgences en faveur des vulnérables, ses objectifs fixés dans le plan d'action sanitaire ne peuvent nullement être atteints.

II.1.3. La détérioration généralisée de l'état de santé de la population et l'aggravation de la pauvreté

Sur les finances familiales, il y a augmentation des dépenses des ménages et appauvrissement de la population alors que sur l'économie, les médicaments de mauvaise qualité occasionnent la fraude fiscale à l'Etat et l'insécurité. L'utilisation des médicaments de mauvaise qualité contribue donc à l'aggravation de la pauvreté et à la baisse de la productivité.

Les médicaments contrefaits, corrompus, falsifiés ou gâtés peuvent être dangereux et nocifs pour les individus. En cas de traitement par les antibiotiques ou de vaccins contrefaits et inefficaces, les effets nuisibles peuvent affecter une grande partie de la population. Dans les cas extrêmes, nous pouvons observer l'aggravation des pathologies traitées à cause des éléments nocifs qu'ils contiennent, et l'apparition de phénomènes de résistance.

II.1.4. La baisse de la productivité et le sous-développement

Les vendeurs illicites s'accaparent d'énormes parts du marché au détriment des producteurs nationaux et investisseurs qui ne savent plus écouler leurs produits et font souvent faillite. D'où la diminution de revenu national brut par le fait de non-paiement d'impôts sur les richesses et autres taxes payables à l'Etat.

La contrefaçon crée un impact négatif sur le développement des nouveaux médicaments car le droit de propriété intellectuelle des brevets pharmaceutiques n'est pas protégé. L'analyse de tous ces paramètres contribue à montrer à quel point la qualité de la matière première, ainsi que les études de bioéquivalence et de stabilité sont des éléments prépondérants dans la qualité du produit fini[79].

Malheureusement, ces éléments ne sont pas toujours pris en compte dans la sélection des médicaments retrouvés au niveau d'appels d'offres internationaux et ce pour des raisons économiques imposées par la concurrence, également par la faiblesse des réglementations pharmaceutiques internationales et nationales.

Des organismes gouvernementaux concernés aux laboratoires pharmaceutiques, en passant par les distributeurs, les professionnels de santé, les consommateurs et le public, nous partageons tous la responsabilité du combat contre les risques de santé liés à l'utilisation des médicaments de mauvaise qualité.

Afin d'éviter ces conséquences majeures, il faudra aussi résoudre de manière durable les différents problèmes identifiés ci-dessus par la formulation et la mise en évidence d'une politique pharmaceutique nationale globale et cohérente en prévention des conséquences mineures ou risques de santé liés à l'utilisation des médicaments de qualité douteuse.

II.2. Les conséquences mineures ou risques de santé

L'utilisation d'un médicament peut exposer à des dangers éventuels plus ou moins prévisibles. Ces dangers sont divers et varient d'un médicament à l'autre. Le risque de santé porte sur des effets indésirables et/ou toxiques du médicament.

---

[79] OMS, A *compendium of guidelines and related materials. Chapitre 18,* Vol 1, disponible sur *www.who.int/medicines/library,* visité le 12 novembre 2013.

Ces effets résultent de l'interaction moléculaire entre la substance chimique et l'organisme vivant qui développe des réactions biochimiques pour son fonctionnement biologique[80]. Un médicament contient un ou plusieurs principes actifs qui sont des substances chimiques qui possèdent ses supports des risques potentiels.

La réaction de l'organisme à l'introduction d'un médicament varie d'une substance à l'autre mais aussi selon les associations avec d'autres produits (médicament, aliments, boissons).

Quand une substance est introduite dans l'organisme, ce dernier utilise tous ses moyens endogènes disponibles afin d'assurer son élimination du corps. Il s'agit de la biotransformation qui rend les molécules hydrosolubles pour excrétion (rôle de foie, rein, poumon et cœur). Ces biotransformations peuvent aboutir à la formation de nouvelles substances qui peuvent de nouveau exposer l'utilisateur à des dangers parfois plus graves que ceux de la substance initiale.

C'est pourquoi, les conditions de bonne pratique de fabrication sont imposées par l'OMS pour la sécurité de l'utilisateur. Malgré tout, les conditions de fabrication, de conservation, le changement d'excipient et le mode d'utilisation peuvent amener une substance à devenir un danger pour la santé de l'homme. Dans les 2 villes, le médicament fait l'objet d'une manipulation qui peut, d'une manière ou d'une autre exposer, l'utilisateur à des dangers graves.

Parmi les mauvaises manipulations, nous pouvons citer:

---

[80] GUISSOU I. et al. *Projet de sensibilisation des travailleurs, employeurs et professionnels de la santé au travail pour une meilleure gestion du risque chimique dans les 5 pays du Conseil de l'Entente.* O.I.T-EMAC. Yaoundé 2000, p. 17.

- les mauvaises conditions de stockage (les produits sont en vrac et stockés dans des sacs, cartons...);
- les mauvaises conditions de transport (les produits sont exposés au soleil, chaleur, humidité et à la poussière);
- les mauvaises conditions de conservation (les vendeurs mélangent les produits aux marchandises et piles...);
- les conditions de vente (les produits sont vendus à qui le veut sans aucune norme à respecter);
- les mauvaises conditions d'utilisation (les consommateurs utilisent les médicaments à volonté et parfois à des fins non médicales).

Le danger potentiel existe quand l'origine du médicament et les compétences du vendeur sont douteuses (à l'absence du pharmacien, c'est tantôt le tenancier, sa femme ou enfant qui vend). Il y a lieu d'ajouter également la conduite du consommateur au cours de l'utilisation de ces produits[81] (le cas d'automédication et non-respect de directives du prescripteur).

II.2.1. Risques de santé lors de la prescription de médicaments

La prescription est un acte médical réalisé par le personnel soignant ayant reçu délégation en vertu de la réglementation. Elle est effectuée par écrit dans des conditions définies comportant des instructions obligatoires en vue de leur dispensation puis de leur administration.

Le soignant est libre de ses prescriptions qui seront celles qu'il estime les plus appropriées en la circonstance. Il doit, sans négliger son devoir d'assistance morale, limiter ses prescriptions et ses actes à ce qui est nécessaire à la qualité, à la sécurité et à l'efficacité des soins.

[81] OMS, *Rapport sur la santé dans le monde. Réduire les risques et promouvoir une vie saine*. Sadag 2002, p. 20.

Il doit tenir compte des avantages et des inconvénients de différentes investigations et thérapeutiques possibles.

La prescription de médicament est rédigée sur une ordonnance et indique lisiblement d'administration[82]:

- le nom, la qualité, l'adresse de l'établissement et les coordonnées téléphoniques, la signature et la date d'établissement de l'ordonnance;
- la dénomination du médicament, la posologie et le mode d'administration;
- la durée de traitement;
- les nom et prénom, le sexe, l'âge du malade, sa taille et son poids etc.

Avant la prescription, le prescripteur devra connaitre notamment les caractéristiques du patient, ses antécédents et allergies, l'historique du médicament et de la maladie ainsi que l'examen clinique.

Il motive sa prescription dans le dossier médical du patient à travers la voie d'administration, la durée de traitement, la dose par prise et par 24 heures, le rythme ou les horaires de l'administration ainsi que, pour les injectables, les modalités de dilution, la vitesse et la durée de perfusion.

La prescription est une démarche rationnelle pour aboutir aux médicaments de prédilection du patient qui reçoit une ordonnance médicale. C'est à partir de l'ordonnance que le patient va acquérir ses médicaments auprès du dispensateur. Une insuffisance du prescripteur ou du dispensateur peut entraîner le choix d'un médicament

---

[82] DGOS, *Qualité de la prise en charge médicamenteuse, outils pour les établissements de santé,* Ministère du travail/France, Paris, Février 2012, p. 14.

inapproprié ou d'efficacité douteuse. Les mauvaises habitudes de prescription sont la cause de traitements inefficaces ou dangereux.

Elles peuvent entraîner une exacerbation ou une prolongation de la pathologie, voire une létalité. Les risques de santé sont d'origines diverses. Parmi lesquels:

- les prescriptions à doses excessives;
- les prescriptions non adaptées;
- les associations médicamenteuses;
- la mauvaise rédaction d'ordonnance;
- le défaut de communication médecin-patient;
- les avis médicaux spécialisés par téléphone soit une prescription orale;
- le mauvais choix des médicaments;
- les erreurs dans le choix des traitements;
- l'usage d'abréviations;
- le défaut de prévention ou de surveillance;
- l'insuffisance d'échange d'informations entre professionnels[83].

L'uniformité des posologies semble bien être responsable de dangers. Le sexe, l'âge, le poids du sujet sont des paramètres simples qui méritent d'être utilisés pour ajuster la posologie de certains médicaments. Même quand un médicament est utilisé dans les conditions optimales, la probabilité d'un accident thérapeutique ne saurait être considérée comme nulle.

II.2.2. Risques de santé lors de la dispensation de médicaments

Les patients et médicaments à risque doivent faire l'objet d'une surveillance particulière lors de l'étape de dispensation. En

[83] DGOS, *op cit*, p 18.

effet, certains médicaments doivent faire l'objet d'une surveillance rapprochée compte tenu de leur potentiel iatrogène identifié, individuel ou collectif (anticoagulants et anticancéreux par voie orale)[84].

Les erreurs de dispensation seront très graves et peuvent engendrer des risques thérapeutiques. Ces erreurs peuvent avoir pour supports:

- les méprises;
- les péremptions de médicament;
- la délivrance de produits détériorés;
- le conseil sur non connaissance du terrain du patient ou négligence du terrain sur lequel évolue la maladie à traiter;
- le non-respect des contre-indications et précautions d'emploi;
- les indications non conformes aux propriétés pharmacologiques du produit (délivrance sur automédication);
- le problème de rédaction de l'ordonnance médicale qui peut conduire à confusion et entraîner des mauvaises délivrances.

Les risques encourus à ce niveau sont ceux inhérents aux actes de dispensation lors de l'analyse de l'ordonnance. Les principales erreurs inhérentes à cette étape sont les erreurs de dose, erreurs d'omission, erreurs de médicament (similitude de nom, présentation…) et erreurs de forme galénique.

La délivrance des médicaments dans les établissements pharmaceutiques est régie également par l'ordonnance de 1933, spécialement dans ses articles 9,10 et 15. Cependant, sur le terrain nous constatons que le pharmacien est absent aux points de délivrance

---

[84] AUZEPY Ph. *et coll.*, *Accidents des médicaments*, Edition marketing, Paris, 1990, p 446.

des médicaments, avec comme conséquence la dispensation des médicaments par un personnel non qualifié ni initié.

Les médicaments qui, normalement, devraient être délivrés sur prescription médicale, le sont librement, ce qui provoque des pharmaco-résistances sévères chez certaines personnes: les antibiotiques et même les stupéfiants et les psychotropes sont délivrés sans prescription médicale.

Les causes sous-jacentes souvent associées aux erreurs de pratique sont notamment, la lecture difficile ou trop rapide de la prescription médicamenteuse, les modalités de stockage, les distractions, les interruptions dans le travail.

II.2.3. Risques de santé lors du transport de médicaments

Le transport des médicaments peut être à l'origine d'erreurs médicamenteuses lors de la prise en charge médicamenteuse avec comme risques identifiés lors de l'étape de transport: l'altération du conditionnement, la lumière, la température, la pression, l'humidité et le non-respect des conditions de conservation.

Curieusement, il y a lieu d'observer dans les 2 villes que les moyens de transports utilisés ne sont pas toujours adaptés au transport des médicaments (flacons en verre, ampoules ou produits thermolabiles). Certaines précautions doivent être prises pour éviter la perte des produits notamment:

- protéger les médicaments contre le soleil, chaleur, la pluie et humidité;
- ne pas mettre les ampoules et flacons en verre au fond du carton;
- bien immobiliser le carton pendant le transport.

II.2.4. Risques de santé lors de la détention et du stockage de médicaments

Le stockage et l'étiquetage des médicaments détenus dans les unités de soins doivent être conformes à la réglementation en vigueur.

Le choix des équipements de stockage est basé sur le respect de la sécurité, de la confidentialité, de l'hygiène etc. Lorsqu'ils comprennent des compartiments, les modalités de rangement de ces compartiments réduisent les risques d'erreurs et de confusion entre les différents médicaments et les différentes présentations, par un agencement et ou un étiquetage adapté.

La détention et stockage des médicaments doivent se faire selon les modalités suivantes :

- la réception et le rangement des médicaments dans des locaux ou armoires fermés;
- les substances classées comme stupéfiants sont détenues dans des locaux ou armoires fermées à clef et ne contenant rien d'autre;
- la traçabilité de la température pour les produits thermolabiles avec des réfrigérateurs des unités de soins;
- le retour des médicaments non utilisés (dans un délai raisonnable avant la péremption de façon à permettre un recyclage des produits).

II.2.5. Risques de santé lors de l'utilisation de médicaments

L'administration est la dernière étape du circuit du médicament qui succède aux étapes de prescription et dispensation. Il y a lieu d'observer les contrôles préalables suivants à la préparation de l'administration des médicaments:

- l'adéquation entre la prescription validée, la dispensation des produits à administrer et l'identité du patient;
- la concordance entre la prescription et l'état clinique du patient, dosages, concentrations, formes galéniques adaptées aux voies d'administration;
- la qualité des médicaments: aspect général, intégrité de l'emballage, date de péremption, conditions de conservation.

L'étape d'administration présente des risques par elle-même car elle est le stade ultime pouvant potentiellement concrétiser les erreurs médicamenteuses générées dans les étapes précédentes, savoir les:

- erreurs de posologie, de la voie d'administration, de la forme, de l'horaire, de la durée, de l'oubli d'administration;
- erreurs de sélection des médicaments;
- erreurs de lecture et de l'interprétation de la prescription,
- erreurs de patients;
- erreurs de manipulation.

Les effets indésirables prévisibles ou pas peuvent aller de la simple allergie cutanée à la mort subite.

II.2.6. Risques et échecs thérapeutiques

Pour garantir le droit à la santé, le prescripteur choisit parmi l'arsenal thérapeutique, le médicament le plus efficace, à la forme pharmaceutique la plus adaptée, le dosage, l'heure d'administration la mieux indiquée après avoir fait un diagnostic.

Le malade qui prend de faux médicaments est exposé à la complication de la maladie. Cela peut entraîner des risques graves de santé à plus ou moins long terme. En particulier, pour les antibiotiques. Il y a aussi le développement des résistances. Les faux médicaments et l'automédication jouent un rôle non négligeable dans les chimiorésistances observées en RDC. Le constat est qu'une résistance grandissante aux antibiotiques, aux antipaludéens et aux antituberculeux se fait de plus en plus sentir.

La gravité de risques est fonction du groupe thérapeutique en cas d'échec du traitement. Les antalgiques conduisent à une prise répétée du produit et peuvent occasionner d'autres risques inconnus, surtout pour les produits dont la composition est inconnue. Pour les principes actifs connus, le risque va de la complication du mal traité à l'intoxication chronique. Les anti-infectieux entraînent à la fois l'aggravation de la maladie mais aussi des problèmes de résistance du germe à combattre.

II.2.7. De la toxicité aiguë

Le produit absorbé peut causer des dommages aux consommateurs. Lorsque la quantité absorbée est importante, massive et unique, la toxicité se manifeste immédiatement. Exemple d'une prise de bactrim et érythromycine qui entraîne une intoxication aiguë suivant la photo 26.

Photo 26: Cas de la prise excessive de bactrim.

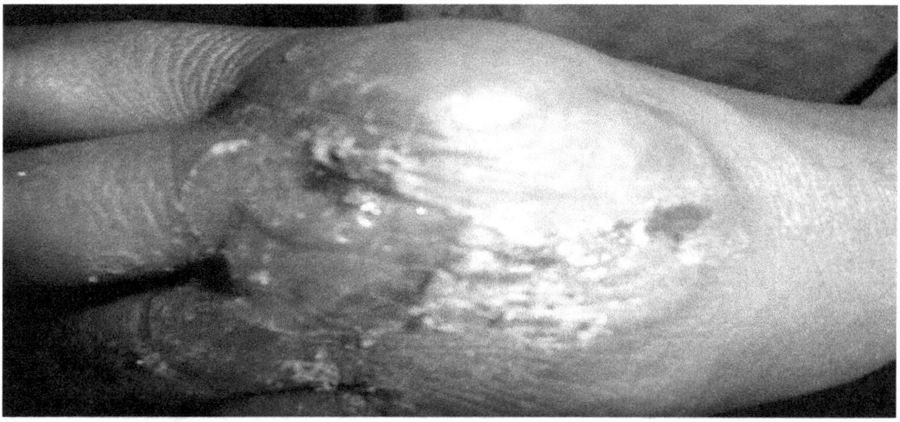

Photo prise à Kisangani le 28 août 2012.

Le toxique est une substance active capable de provoquer des dommages en intoxication aiguë, ce sont les organes ou fonctions nobles qui sont exposées (cœur, poumons, foie, rein, sang, système nerveux central). Ces dommages sont d'intensité variable pouvant aller à la destruction de la cible. Les modes volontaires sont les cas d'autolyse et d'homicide ou suicide.

Les actes involontaires sont des erreurs, des surdosages, des méprises (médicament d'angine de poitrine à la place d'angine de gorge; antalgique à la place d'antipaludéen...), d'overdoses, d'associations médicamenteuses et autres. En cas d'intoxication aiguë, par exemple, il y a une aggravation des effets indésirables de chaque groupe thérapeutique. Les complications de ces effets indésirables entraînent parfois la mort.

II.2.8. De la toxicité chronique, toxicomanie et pharmacodépendance

Le dommage causé par le toxique est cumulé et entraîne une manifestation aiguë ou irréversible. Le mode d'intoxication est lié au contact répété de la cible aux toxiques. Ces cibles sont le système nerveux central, le système de reproduction, le patrimoine génétique et les multipliants cellulaires.

La relation entre les médicaments qui agissent sur la mémoire et la vie sociale est difficile à établir. Les amphétamines stimulent le système nerveux central. Au bout de quelques mois d'utilisation on obtient un effet contraire. Les réactions observées sont des excitations neuropsychiques et l'hypertension artérielle. Par ailleurs, cette relation change au cours du temps.

Actuellement, la société accepte uniquement l'alcool, la nicotine (tabac) comme agents psychoactifs légaux bien que leur mauvaise utilisation soit responsable d'une morbidité et d'une mortalité considérables[85]. Il existe des types de consommation chronique de paracétamol qui peuvent entraîner des insuffisances rénales tardives.

La mauvaise utilisation de médicaments menace de nuire à la santé physique ou mentale d'un individu. Cette mauvaise utilisation inclut l'usage de l'alcool, de la nicotine et de stupéfiants qui nuisent à la santé.

La dépendance médicamenteuse se rapporte aux personnes qui sont tentées de prendre un médicament afin d'expérimenter ou de rechercher son effet psychique et parfois d'empêcher l'inconfort des symptômes du sevrage. La probabilité qu'une mauvaise utilisation aboutisse à une dépendance de nombreux facteurs y compris le type de médicaments, la voie d'administration, la forme galénique, etc.

La dépendance médicamenteuse est souvent associée à la tolérance, phénomène qui peut se produire avec l'administration

---

[85] NEAL M., *pharmacologie médicale. 3*, De Boeck université, Montréal, 1999, p. 99.

chronique de médicaments. Elle se caractérise par la nécessité d'augmenter progressivement la dose de médicament pour maintenir l'effet initial.

En général, l'administration chronique de médicaments induit des changements homéostatiques adaptés dans le cerveau qui agissent de manière à s'opposer à l'action du médicament. La suppression de médicament qui abaisse l'activité fonctionnelle (alcool, barbiturique...) peut provoquer des convulsions, alors que celle des médicaments excitateurs peut entraîner une dépression.

II.2.9. Risques de santé dans l'automédication

L'automédication est le fait qu'un patient s'administre seul des médicaments de prescription médicale facultative qu'il est tout à fait possible d'obtenir sans ordonnance en pharmacie. Pour eux, l'automédication est une façon simple et rapide de se soigner sans avoir à être contraint d'aller chez le médecin.

Quand elle est utilisée à bon escient, l'automédication permet une plus forte responsabilisation du patient sur sa santé, qui s'informera davantage sur les propriétés et composantes des médicaments.

Cependant, les traitements en automédication peuvent se révéler insuffisants, car les pharmaciens ne disposent pas d'assez de produits pour pouvoir soigner complètement une pathologie. Souvent donc, on se retrouve à devoir se rendre chez son médecin, après avoir déjà déboursé une petite somme à la pharmacie...

Un des dangers les plus importants dans les nouveaux phénomènes d'automédication. Il se rapporte à des pratiques médicales liées à l'internet. Il faut en effet se méfier des médicaments qui sont en vente sur la toile, car on ne connaît pas leur provenance et sont parfois des contrefaçons et peuvent par conséquent être dangereux.

L'automédication permet aussi de faire des économies sur le budget de la santé, car cela évite d'avancer les frais pour une consultation médicale et de plus cela participe au désencombrement des services de soins, pour s'occuper de cas vraiment prioritaires.

Toutefois, l'automédication ne fait pas l'unanimité dans le corps médical. D'une part, elle ne prend pas en compte certaines allergies connues. D'autre part, au cours d'une consultation médicale, le fait d'oublier de mentionner à votre médecin que vous avez pris certains médicaments peut provoquer un diagnostic erroné, car ceux-ci peuvent retarder certains symptômes et surtout fausser l'interprétation de résultats biologiques.

Toute consommation peut conduire à des excès. Le consommateur peut penser contrôler cette automédication alors que dans certains cas, elle produit des effets secondaires qui peuvent provoquer d'autres maladies en cas de contre-indications non respectées.

Un autre problème peut aussi compliquer l'état de santé du consommateur: il s'agit de l'interaction avec un autre traitement en cours. La prise d'anti-inflammatoires ou d'aspirine peut également inhiber l'action d'autres médicaments.

L'automédication est une pratique courante en RDC, surtout en cette période où le pouvoir d'achat de la population ne fait que baisser. Cette pratique a des nombreuses causes dont quelques-unes sont les suivantes:

- la vente libre des médicaments par des grossistes et des pharmacies;
- la vente illicite des médicaments dans les lieux publics et même dans les formations médicales;
- le coût élevé de la consultation médicale et des examens de laboratoire;
- les prescriptions médicales faites par des infirmiers et autres professionnels de santé en dehors des prescripteurs autorisés;
- la non vulgarisation de la LNME auprès de prestataires;
- la vente de médicaments sans prescription médicale.

Ainsi, il est impérieux, avant de prendre un médicament, de lire minutieusement la notice, les explications, les contre-indications et surtout respecter la posologie au besoin consulter un médecin.

III. La répression de la criminalité pharmaceutique dans les villes de Kinshasa et de Kisangani en RDC

Ici, il est question de poser un regard sur la poursuite des pharmacriminels dans les deux villes. Mais avant toute chose, l'étude fait un bref aperçu sur les incriminations prévues, des sanctions et des juridictions habilitées à réprimer cette forme de criminalité (bien qu'analysée déjà en profondeur au chapitre 4).

III.1. Bref aperçu sur les incriminations et sanctions

Plusieurs incriminations concourent à la criminalité pharmaceutique, parmi lesquelles, il y a lieu de rappeler à titre indicatif les infractions suivantes:

1. ***Contrefaçon pharmaceutique*** (articles 4, 48,56 et 57 de la loi n°82-001 du 7 janvier 1982 régissant la propriété industrielle).
   - Servitude pénale: 1 à 6 mois.
   - Saisie de médicaments contrefaits.

- Action en cessation (ordonnance législative du 24 février 1950 sur la concurrence déloyale).
- Amendes et Dommages-intérêts.

2. ***Fabrication et commerce des médicaments falsifiés, gâtés ou corrompus*** (Décret du 26 juillet 1910)
   - Servitude pénale: 6 mois au maximum pour celui qui aura fabriqué et 3 mois pour celui qui aura exposé en vente.
   - Saisie de médicaments falsifiés.
   - Amendes et Dommages-intérêts.

3. ***Tromperies sur la qualité et quantité des médicaments*** (articles 99 et 100 CPLII)
   - Servitude pénale: 12 mois au plus.
   - Répétition de la somme indument encaissée.
   - Amendes et Dommages-intérêts.

4. ***Escroquerie pharmaceutique*** (article 98 CPLII)
   - Servitude pénale: 3 mois à 5 ans.
   - Répétition de la somme indument encaissée.
   - Amendes et Dommages-intérêts.

5. ***Abstention de secours de personne en danger ou non-assistance d'une personne en danger*** (article 66 ter et 150g CPLII)
   - Servitude pénale: 3 mois à 2 ans.
   - Amendes.

6. ***Avortement criminel par médicaments*** (articles 165 et 166 du CPLII)
   - Servitude pénale: 5 à 15 ans pour celui qui fait avorter par médicaments et 5 à 10 ans pour la femme qui se fait avorter.
   - Amendes.
   - Dans certains cas, le pharmacien peut être tenu pour complice de l'avortement criminel pour avoir fourni de l'aide indispensable sans laquelle l'infraction ne serait pas commise.

7. ***Homicide volontaire (euthanasie) ou involontaire*** (articles 44 et 45 CPLII).
   - Servitude pénale: la peine de mort pour l'homicide volontaire et 3 mois à deux ans pour l'homicide involontaire.
   - Amendes.

8. ***Atteintes volontaires et involontaires (coups et blessures volontaires)*** (articles 44 et 45 du CPLII).
   - Servitude pénale: 8 jours à 6 mois.
   - Amendes.

9. ***Administration des substances nuisibles à la santé*** (article 50 CPLII)
   - Servitude pénale: 1 à 20 ans.
   - Amendes.

10. ***Exercice illicite de l'art de la profession de pharmacien ou de l'art de guérir*** (Ordonnance de 1933 sur l'exercice de la pharmacie, Décret du 19 mars 1952 sur l'exercice de l'art de guérir, 98 et 123 bis CPLII).
    - Servitude pénale : 3 mois à 2 ans.
    - Amendes.

Il est à noter que ces infractions sont jugées devant les juridictions de droit commun.

III.2. Etat des lieux des poursuites des pharmacriminels par les Parquets de Grande Instance de Kinshasa et de Kisangani

Compte tenu des données du terrain, il est dressé le tableau 11 ci-après pour démontrer les enjeux de la poursuite des auteurs de la criminalité pharmaceutique dans les deux villes.

Tableau 5: Etat des lieux de la poursuite des pharmacriminels par les Parquets de Grande Instance de Kisangani, de la Gombe, de Kalamu et de Matete.

1. PARQUET DE GRANDE INSTANCE DE KISANGANI

N° Ord.	N° Dossier	NOMS DE PARTIES	PREVENTIONS	SUITE DU DOSSIER
1)	RMP 9.626/024 PAT	M.P/ MIKALA Contre POOMI MASIOO Guérisseur	• Exercice illégal de l'art de guérir • Administration des substances nuisibles à la santé	• Amendes transactionnelles
2)	RMP 10.006/024 KHM	M.P/ LONGOMBA Contre ANDRE LOBUNA Infirmier	• Exercice illégal de l'art de guérir • Administration des substances nuisibles à la santé	• Amendes transactionnelles
3)	RMP 10.447/024 KHM	M.P/ LOKWANGOMA Contre WANDENDI Infirmier	• Exercice illégal de l'art de guérir • Non-assistance de personne en danger.	• Amendes transactionnelles

4)	RMP 10.515/024 KHM	M.P /LITOY KALONDA Contre KOMBOZI A. Pharmacien	• Administration des substances nuisibles à la santé	• Amendes transactionnelles
5)	RMP 12.345/024 KHM	M.P Contre NKUMU TANGANYONGO Infirmier	• Administration des substances nuisibles à la santé	• Fixation au TGI par RFFA n° 2170 en souffrance devant le juge de grande instance
6)	RMP 12.431/024 KHM	M.P MALALI IGABOLELA Guérisseur	• Exercice illégal de l'art de guérir • Administration des substances nuisibles à la santé	• Fixation au TGI sous RFFA n° 2183 puis acquittement du prévenu par le juge
7)	RMP 12.089/024 UM	M.P. /SERVICE DE L'HYGIENE Contre LOMALISA BOLAYE Pharmacien	• Mauvaises conditions de conservation des médicaments dans des poussières et toiles d'araignées.	• Amendes transactionnelles
8)	RMP 15.329/024 UM	MP Contre LOHAKA OMANDJI Infirmier	• Exercice illégal de l'art de guérir • Administration des substances nuisibles à la santé	• Fixation TGI sous RFFA 20.828 puis condamnation de 3 ans de SPP et amende
9)	RMP 15.489/024 DML	MP Contre ASOLANYONGO OLENDJEKE Infirmier	• Exercice illégal de l'art de guérir, • Administration des substances nuisibles à la santé • Homicide involontaire	• Amendes transactionnelles
10)	RMP 17.180/024	MP Contre	• Exercice illégal de l'art de guérir	• Classement sans suite pour

	KHM	BETEMA D. Pharmacien		insuffisance de preuve
11)	RMP 15.791/024 ABS	M.P / WENGA NESEKE Contre BAELONGANDI Pharmacien AMISI KAYUMBA Infirmiers	• Exercice illégal de l'art de guérir • Non-assistance de personne en danger.	• Amendes transactionnelles
12)	RMP 17.838/024 KNL	M.P. Contre EMALE Léon Guérisseur	• Exercice illégal de l'art de guérir • Administration des substances nuisibles à la santé	• Amendes transactionnelles
13)	RMP 16.885/04 DBK	M.P et PAITI PIOTI Contre AMISA Pascal Infirmier	• Exercice illégal de l'art de guérir • Administration des substances nuisibles à la santé	• Amendes transactionnelles
14)	RMP 19.077/024 4695	M.P et ASIA ENEKE contre MAUWA Béatrice Infirmière	• Administration des substances nuisibles à la santé	• Amendes transactionnelles
15)	RMP 18.003/024 MSF	M.P/ LIWOSO MATEMBE Contre KOMBOZI ONDELA Infirmier	• Homicide involontaire • Exercice illégal de l'art de guérir	• Condamnation de 3 ans et amende de 100. 000 FC

Source : Parquet de Grande Instance de Kisangani, 2014.

2. PARQUET DE GRANDE INSTANCE DE LA GOMBE

N° Ord	N° Dossier	NOMS DE PARTIES	PREVENTIONS	SUITE DU DOSSIER
1)	RMP 58.703/ 021/LKV	MP et MBAKANU Contre MBAMU Robert Pharmacien	• Exercice illégal de l'art de guérir, • Administration des substances nuisibles à la santé • Complicité à l'avortement criminel	• Condamnation de 5 ans et amende de 100. 000 FC
2)	RMP 58.713/ 021/BPL	M.P Contre KUNGA Yvon Tradipraticien	• Administration des substances nuisibles à la santé	• Amendes transactionnelles
3)	RMP 58.724/ 021/KKA	M.P Contre ZOLADIO Patrice Infirmier	• Homicide involontaire • Administration des substances nuisibles à la santé	• Condamnation de 5 ans et amendes puis évasion en mai 2012
4)	RMP 51.660/ 021/MAN	M.P et NSANGA NLANDU Contre OSOMBO Daniel	• Exercice illégal de l'art de guérir • Administration des substances nuisibles à la santé	• Amendes transactionnelles
5)	RMP 59.778/ 021/MLN	M.P. et BOSEKOTA IYEMA Contre MONGANE ANANI	• Exercice illégal de l'art de guérir • Avortement criminel	• Amendes transactionnelles .

6)	RMP 59.766/ 021/BBL	M.P Contre WATALUSU MAMBU Guérisseur	• Exercice illégal de l'art de guérir	• Amendes transactionnelles
7)	RMP 64.733/ 021/NOS	M.P Contre DANGBELE NGOTUBA Pharmacien	• Exercice illégal de l'art de guérir • Complicité à l'avortement criminel	• Classement sans suite pour infraction non établie et relaxation du prévenu
8)	RMP 59.806/ 021/MSRA	M.P contre MONDO ALELEA Infirmier	• Exercice illégal de l'art de guérir	• Amendes transactionnelles
9)	RMP 59.862/ 021/KKN	M.P et MPOY John contre MARIAM Pharmacien	• Exercice illégal de l'art de guérir	• Amendes transactionnelles
10)	RMP 60.545/ 021/LAL	M.P Contre MAYI MAKELELE Philippe Pharmacien	• Exercice illégal de l'art de guérir	• Amendes transactionnelles
11)	RMP 60.778/ 021/WMG	M.P Contre ADULUMBA Paty Infirmier	• Administration des substances nuisibles à la santé	• Amendes transactionnelles

12)	RMP 60.872/ 021/UTA	M.P Contre BINDELE KASONGO Pharmacien	• Administration des substances nuisibles à la santé • Avortement criminel	• Condamnation de 5 ans de SPP
13)	RMP 52.898/ 021/NGK	M.P Contre SHOKO KOSO Pharmacien	• Exercice illégal de l'art de guérir • Administration des substances nuisibles à la santé	• Amendes transactionnelles
14)	RMP 53.507/ 021NGK	M.P Contre KUMBIKILA KINSIONA Guérisseur	• Exercice illégal de l'art de guérir • Administration des substances nuisibles à la santé	• Amendes transactionnelles
15)	RMP 66.359/ 021/BBL	M.P Contre DISENGO MOKA Infirmier	• Avortement criminel • Administration des substances nuisibles à la santé	• Amendes transactionnelles

Source : Parquet de Grande Instance de la Gombe, 2014.

3 PARQUET DE GRANDE INSTANCE DE KALAMU

N° Ord	N° Dossier	NOMS DE PARTIES	PREVENTIONS	SUITE DU DOSSIER
1)	RMP 93.605 /022/ FIM	M.P contre NGUMBANA ANHEGBA Pharmacien	• Harcellent sexuel, viol, • Avortement criminel	• Amendes transactionnelles
2)	RMP 93.610/ 022/ BOA	M.P Contre LEMBA Jerry Infirmier	• Avortement criminel	• Amendes transactionnelles
3)	RMP 93.669/ 022/ VAL	M.P Contre NSUNGANI MINGIEDI Infirmier	• Administration des substances nuisibles à la santé • Exercice illégal de l'art de guérir	• Amendes transactionnelles
4)	RMP 92.362/ 022/ MNT	M.P Contre MWANZA Adrien	• Exercice illégal de l'art de guérir • Administration des substances nuisibles à la santé	• Amendes transactionnelles
5)	RMP 91.519 /022NLJ	M.P Contre LUSATIKISU Victor Infirmier	• Exercice illégal de l'art de guérir • Avortement criminel • Administration des substances nuisibles à la santé	• Amendes transactionnelles
6)	RMP 91.526/ 022KNM	M.P Contre MAMADOU	• Exercice illégal de l'art de guérir • Administration des	• Envoyé pour fixation TGI/KALAMU

		Didier Médecin	substances nuisibles à la santé	Réq.: 0896 du 01/04/2012.
7)	RMP 94.093/ 022/FKM	M.P Contre MUBAZU KISOMBE Pharmacien	• Exercice illégale de l'art de guérir • Administration des substances nuisibles à la santé	• Amendes transactionnelles
8)	RMP 94.348 /022/NIL	M.P Contre OKWETOKE Marie José Pharmacien	• Administration des substances nuisibles • Exercice illégal de l'art de guérir	• Amendes transactionnelles
9)	RMP 94.440/ 022/TUM	M.P Contre MALONGA Philemon Pharmacien et AMISI GAY Médecin	• Viol • Avortement criminel • Exercice illégal de l'art de guérir • Administration des substances nuisibles à la santé	• Condamnation solidairement à 5 ans de SPP et amende
10)	RMP 95.551/ 022/MCM	M.P Contre LENGI Blaise Infirmier	• Avortement criminel • Exercice illégal de l'art de guérir • Administration des substances nuisibles à la santé	• Condamnation à 3 ans de SPP et amende
11)	RMP 95.068/ 022/KIL	M.P Contre DIALO	• Avortement criminel • Exercice illégal de	• Amendes transactionnelles

		Guérisseur	l'art de guérir • Administration des substances nuisibles à la santé	
12)	RMP 95.089/ 022/JTN	M.P Contre SUKISA MUNONGO Tradipraticien	• Exercice illégal de l'art de guérir • Administration des substances nuisibles à la santé	• Amendes transactionnelles
13)	RMP 95.141/ 022/TUM	M.P Contre NDOMANUELE KWITI Médecin	• Non-assistance à une personne en danger • Exercice illégal de l'art de guérir	• Amendes transactionnelles
14)	RMP 95.224/ 022/MCM	M.P Contre MUNZEMBA NGIMBI Infirmier	• Avortement criminel • Exercice illégal de l'art de guérir • Administration des substances nuisibles à la santé	• Classé sans suite et pièces versées au RMP 93.237/FIM
15)	RMP 95.226/ 022/TES	M.P Contre MANOKA Junior Pharmacien	• Exercice illégal de l'art de guérir • Administration des substances nuisibles à la santé	• Amendes transactionnelles

Source : Parquet de Grande Instance de Kalamu, 2014.

4. PARQUET DE GRANDE INSTANCE DE MATETE

N° Ord	N° Dossier	NOMS DE PARTIES	PREVENTIONS	SUITE DU DOSSIER
1)	RMP 60. 593 /023/ ABS	M.P et BANGAHOZA Bibiche Contre BETOKO Guélord Pharmacien	• Exercice illégal de l'art de guérir • Administration des substances nuisibles à la santé	• Amendes transactionnelles
2)	RMP 61. 093 / 023/ NBA	MP Contre BOLONGO Alain Guérisseur	• Exercice illégal de l'art de guérir • Administration des substances nuisibles à la santé	• Amendes transactionnelles
3)	RMP 66. 993/ 023/ ALB	M.P et DIKATO MANIM Contre EKOFO Tradipraticien	• Exercice illégal de l'art de guérir • Administration des substances nuisibles à la santé • Homicide involontaire • Escroquerie	• Fixation au TGI sous RFFA 14.215 et condamnation à 10 ans de SPP et amende
4)	RMP 92.362/ 023/ FMG	M.P. Contre KABUNDA KIBOKO Infirmier	• Administration des substances nuisibles à la santé	• Amendes transactionnelles
5)	RMP 95.199 /023NK	M.P Contre KALANGA Anne et KIBOKO, tradipraticiens	• Exercice illégal de l'art de guérir • Administration des substances nuisibles à la santé	• Amendes transactionnelles

6)	RMP 51.592/ 023/ MIM	M.P et KAZADI Roger Contre KAPELA MBOKO Infirmier	• Exercice illégal de l'art de guérir • Administration des substances nuisibles à la santé	• Amendes transactionnelles
7)	RMP 49.093/ 022/ZKI	M.P Contre KODIDJO DONAJA Tradipraticien	• Exercice illégal de l'art de guérir • Administration des substances nuisibles à la santé	• Amendes transactionnelles
8)	RMP 49.343 /023/NG	M.P et LONGOMO Djimy Contre MANGARIBI MEDI accoucheuse	• Administration des substances nuisibles à la santé • Non-assistance à personne en danger • Homicide involontaire	• Fixation sous RFFA 20.214 en cours d'instance
9)	RMP 88.440/ 023/MUT	M.P Contre BUYAMBA Yves Pharmacien	• Exercice illégal de l'art de guérir • Administration des substances nuisibles à la santé	• Amendes transactionnelles
10)	RMP 99.991/ 023/MC	M.P et MEMBE Michel Contre MUKANZA Fiston Infirmier	• Administration des substances nuisibles à la santé	• Evasion du prévenu
11)	RMP 68.068/ 022/SBL	M.P et MEMBE Contre NTUBILA Pharmacien	• Exercice illégal de l'art de guérir • Administration des substances nuisibles à la santé	• Amendes transactionnelles

12)	RMP 81.089/ 022/EMP	M.P Contre OKETE Jean Pharmacien	• Exercice illégal de l'art de guérir • Administration des substances nuisibles à la santé	• Fixation sous RFFA 26.256 au TGI.
13)	RMP 99.141/ 023/TU	M.P Contre WENDO ALFRED Tradipraticien	• Exercice illégal de l'art de guérir • Administration des substances nuisibles à la santé	• Amendes transactionnelles
14)	RMP 91.294/ 023/CM	M.P et SHAMBA Arlette Contre LOTILO MANG	• Administration des substances nuisibles à la santé • complicité à l'avortement criminel	• Amendes transactionnelles
15)	RMP 92.556/ 022/STC	M.P Contre ANITA ALIZOBELA	• Exercice illégal de l'art de guérir • Administration des substances nuisibles à la santé	• Amendes transactionnelles

Source : Parquet de Grande Instance de Matete, 2014.

L'état des lieux de la poursuite démontre que sur 60 dossiers répertoriés, 43 dossiers, soit 71,7 %, ont abouti au seul classement par paiement des amendes transactionnelles; 4 dossiers, soit 6,7 %, ont été classés sans suite pour insuffisance de preuve; 4 dossiers fixés aux tribunaux de grande instance mais en prosécution et enfin 9 dossiers ont donné lieu à des condamnations en servitude pénale avec amende.

Cette poursuite dans les deux villes s'avère inefficace pour plusieurs raisons:

- La consécration de la criminalité pharmaceutique avec le laissez-faire tacite de l'Etat qui procède à l'octroi des avis d'implantation sans que les demandeurs ne remplissent les conditions minimales exigées par la loi,
- La passivité dans les actions du conseil de l'ordre des pharmaciens, de la police nationale, des inspecteurs de l'inspection provinciale de la pharmacie et de l'hygiène,
- La clôture des dossiers par amendes transactionnelles au lieu des sanctions pénales dissuasives,
- L'ignorance des consommateurs sur le danger de l'automédication et la réticence de ces derniers des abus dont ils sont victimes du chef des pharmacriminels ou autres professionnels de santé.

Conclusion

La promiscuité entre la réalisation du droit à la santé et la criminalité pharmaceutique qui met en mal ledit droit sacrifiant ainsi la sécurité physique des consommateurs des médicaments est le problème de départ de cette étude.

S'il est vrai que le droit à la santé est un droit pour tous d'accéder aux soins à l'aide des médicaments de qualité, il est utopique de croire en l'exercice dudit droit là où circulent les médicaments de qualité douteuse, où il y a carence des médicaments de qualité, où le système d'assurance-qualité ne fonctionne presque pas et où la lutte contre la criminalité pharmaceutique n'est pas bien menée.

Cependant, plusieurs enjeux laissent à désirer dans le circuit des médicaments et constituent la criminalité pharmaceutique qui recouvre les abus liés à la fabrication, à la distribution et consommation de faux médicaments.

Le souci de décrypter à fond ce paradoxe qui touche directement la viabilité du secteur pharmaceutique, gage de la garantie du droit à la santé, a justifié le choix de l'intitulé de cet ouvrage.

Ainsi pour la RDC, le défaut de résolution des problèmes à la base de la criminalité pharmaceutique et d'une répression dissuasive de celle-ci favorise un afflux massif et incontrôlé de médicaments de qualité douteuse dans le marché congolais aux conditions défavorables.

C'est pourquoi, l'étude s'est proposé de répondre à la question de savoir comment l'Etat congolais s'emploie-t-il à juguler la criminalité pharmaceutique perçue comme menace grave à l'exercice du droit à la santé, de dresser un état des lieux du marché de médicaments dans les villes de Kisangani et de Kinshasa pour en proposer ainsi des mécanismes correctifs susceptibles d'éradiquer ce fléau contre la santé publique.

De cette préoccupation, il a fallu noter que l'Etat congolais se limiterait aux stratégies juridiques générales sans organiser des mécanismes spécifiques efficaces, capables de juguler la criminalité pharmaceutique, offrant ainsi moins de garantie à l'exercice du droit à la santé et à la protection des consommateurs contre les risques de santé auxquels ils sont exposés.

En plus, le marché de médicaments en RDC serait pollué du fait de la circulation des médicaments de qualité douteuse provenant du circuit illicite pratiqué par de non-professionnels au mépris de bonnes pratiques en matière de distribution et de conservation ainsi que le laxisme dans la répression des abus constitutifs à la criminalité pharmaceutique au niveau des instances judiciaires.

Aux termes de ces analyses, l'étude a abouti aux résultats selon lesquels:

- la faible production nationale de médicaments crée l'indisponibilité par rapport à la demande des consommateurs soit 10% de la production nationale des médicaments contre 90% de l'importation. Le recours à l'importation des médicaments par des importateurs illicites est justifié par non seulement par l'insuffisance du chiffre d'affaires de la FEDECAME et des CDR, mais aussi par la politique de restriction d'accès aux seules formations sanitaires publiques et confessionnelles intégrées.

  Cela oblige le secteur privé à s'approvisionner chez n'importe quel répartiteur dont l'assurance-qualité reste jusqu'ores douteuse et où le facteur « prix » intervenant dans le processus d'acquisition est souvent prioritaire au détriment de la qualité des médicaments.

- l'importante participation du secteur privé dans la gestion des structures sanitaires:

  • A Kinshasa, sur 1968 formations sanitaires dont 6 HGR et 1962 CS. Parmi ces formations, alors que 145 soit 7,37% sont du secteur public hospitalier dont 6 HGR et 139 CS, 1822 soit 92,63 % constituent le secteur lucratif privé ou confessionnel.
  • A Kisangani, sur 88 formations sanitaires, 31 sont du secteur public soit 35,22% contre 57 sont du secteur privé soit 64,78%.

Cet état de chose confirme une fois de plus le désengagement de l'Etat dans la création et l'intégration des structures sanitaires avec pour conséquence, l'envahissement du secteur par les privés.

- La fabrication et la vente de médicaments contrefaits, falsifiés, défectueux ou d'origine douteuse ont pour corollaires d'attenter à la vie des patients tous les problèmes de dosage, de contaminants biologiques et chimiques, de stabilité, de biodisponibilité, d'interactions avec les excipients.

  Ces médicaments sont dangereux et présentent une menace pour la santé des patients et à l'intégrité des systèmes de santé et la sécurité car:
  • la qualité du médicament n'est pas vérifiable;
  • le principe actif du médicament fait défaut;
  • le sous-dosage ou le surdosage des lots des médicaments;
  • la dégradation des médicaments à la suite des mauvaises conditions de transport ou de stockage;
  • l'utilisation de médicaments contrefaits prive l'industrie légale de sources de revenus.

Ces médicaments ne renseignent pas aux patients quant à la véritable source (identité, fabricant, voie de distribution…); ils sont fabriqués et distribués sur des sites qui ne sont ni autorisés, ni règlementés, ni inspectés, le plus souvent dans des conditions insalubres.

- L'absence d'une réglementation pharmaceutique adaptée, efficace et bien appliquée justifiée ainsi par la non-vulgarisation des textes législatifs et réglementaires en la matière. La RDC connaît un sérieux problème des textes en matière de la santé et tombe dans l'anachronisme avec une règlementation dépassée, inadaptée, imprécise voire ambigüe et qui ne permet pas l'application de la meilleure politique sanitaire.

- Le dysfonctionnement du système de contrôle et d'assurance-qualité des médicaments non seulement par l'OCC mais aussi par l'inspection pharmaceutique dans les deux villes.

- L'ouverture anarchique des officines pharmaceutiques et leur répartition dans les deux villes. A Kinshasa, sur 1753 officines enregistrées, seules 47 sont autorisées contre 1706 non autorisées, seules 70 sont gérées par les pharmaciens alors que 1462 sont inscrits au tableau de l'ordre des pharmaciens et occupés autrement. A Kisangani, sur 402 officines recensées, une seule est autorisée.

Du point de vue démographique, dans les deux villes, le nombre des pharmacies prévisibles s'élèvent respectivement à 1300 officines et 131 respectivement à Kinshasa et à Kisangani, statistiques faisant ressortir respectivement 453 et 271 officines à fermer dans ces deux villes congolaises.

Les autres officines non autorisées fonctionnent sur base des avis d'implantation qui n'ont de validité que de 3 mois et des autorisations des communes où elles sont implantées.

- La circulation de médicaments de qualité et d'origine douteuse en provenance du circuit illicite d'approvisionnement est occasionnée par la mise en vente de médicaments non enregistrés, n'ayant pas reçu l'AMM et n'étant pas analysés.

- La vente des médicaments dans les endroits inappropriés et insalubres, parfois en ambulatoire. La plupart des officines ne sont pas toujours installées dans construction en matériaux et ne remplissent pas les normes pharmaceutiques en matière de climatisation appropriée. Le commerce des médicaments en ambulatoire est beaucoup plus observé à travers les rues des deux villes ainsi que dans les petits marchés périphériques, etc.

- L'insuffisance de personnel qualifié dans la gérance des officines. Toutes les officines sont gérées par de non professionnels. Ce qui explique l'exercice illicite de la profession de pharmaciens par des escrocs pharma-criminels œuvrant dans l'illégalité flagrante.

- L'absence de programme de communication pour le changement de comportement en relation avec l'usage rationnel des médicaments. L'automédication est devenue une monnaie courante et une source de beaucoup de risques de santé.

- L'absence d'une loi sur l'exercice de la médecine traditionnelle alors que la pharmacopée traditionnelle prend de l'ampleur vertigineuse. D'où la nécessité de son intégration dans l'art de guérir au lieu de laisser pour compte la population qui y recourt avec tous les risques en ce qui concerne le respect de dosage, le conditionnement des produits, le mode de traitement thérapeutique incohérent et le manque de suivi des patients soumis au traitement sans aucune spécialité fixe.

- Le non-respect d'éthique professionnelle (publicité pharmaceutique et concurrence déloyale et autres devoirs généraux) et application de bonnes pratiques de fabrication et distribution (mauvaises conditions transport, de stockage, de vente, de conservation et d'utilisation).

- L'état des lieux de la poursuite démontre que sur 60 dossiers répertoriés, 43, soit 71,7 %, ont abouti au classement par paiement des amendes transactionnelles ; 4 dossiers, soit 6,7 %, ont été classés sans suite pour insuffisance de preuve ; 4 dossiers fixés aux tribunaux de grande instance mais en prosécution et enfin 9 dossiers ont donné lieu à des condamnations à la servitude pénale avec amende.

La répression de la criminalité pharmaceutique en RDC s'avère inefficace pour plusieurs raisons:

- La consécration de la criminalité pharmaceutique avec le laissez-faire tacite de l'Etat qui procède à l'octroi des avis d'implantation sans que les demandeurs ne remplissent les conditions minimales exigées par la loi,
- La passivité du conseil de l'ordre des pharmaciens, de la police nationale, des inspecteurs de l'inspection provinciale de la pharmacie et de l'hygiène,
- La clôture des dossiers par amendes transactionnelles au lieu des sanctions pénales dissuasives,
- L'ignorance des consommateurs sur le danger de l'automédication et leur mutisme quant aux abus dont ils sont

victimes du chef des pharma-criminels ou autres professionnels de santé,

Tous les problèmes majeurs soulevés ci-haut ne peuvent, en aucun cas, favoriser l'accès aux médicaments de qualité pouvant garantir le droit à la santé. C'est ainsi que l'utilisation de médicaments de qualité et origine douteuse peut aussi bien entraîner des effets cliniques indésirables qu'affecter la crédibilité du système de santé, savoir:

- ***Sur la santé***, il y a lieu d'observer les risques de résistances, les effets toxiques, échecs thérapeutiques qui entrainent une prolongation de délais d'hospitalisation, une crise de confiance entre les malades et les prestataires, une complication de la maladie, le décès….. La mauvaise qualité des médicaments est la cause de l'aggravation de la morbidité, de la mortalité, de l'échec thérapeutique et des facteurs de résistance.
- ***Sur les finances familiales***, il y a augmentation des dépenses des ménages et appauvrissement de la population alors que sur l'économie, les médicaments de mauvaise qualité occasionnent la fraude fiscale à l'Etat et l'insécurité.
- ***Sur la productivité nationale***, les vendeurs illicites s'accaparent d'énormes parts du marché au détriment des producteurs nationaux et investisseurs qui ne savent plus écouler leurs produits et font souvent faillite. D'où la diminution de revenu national brut par le fait de non-paiement d'impôts sur les richesses et autres taxes payables à l'Etat.

Il convient de souligner à ce niveau que si l'utilisation de médicaments de mauvaise qualité contribue à l'aggravation de la pauvreté et à la baisse de la productivité, la contrefaçon crée un impact négatif sur le développement des nouveaux médicaments car le droit de propriété intellectuelle des brevets pharmaceutiques n'est pas protégé.

Après avoir démontré que les deux villes de la RDC présentent une image sombre avec la circulation de médicaments de qualité douteuse, il est important de concevoir des mécanismes correctifs d'éradication de ce fléau planétaire à travers:

- La mise en évidence d'une stratégie nationale congolaise de la promotion de la recherche scientifique publique et privée en matière de fabrication des médicaments,
- L'accès à la médecine traditionnelle aux nouvelles technologies, au management des industries pharmaceutiques, aux capitaux publics ou privés,
- La promotion de la production nationale des médicaments en lieu et place des importations même des génériques,
- L'implantation de laboratoires nationaux ou provinciaux d'analyse des médicaments du type OMS dans les postes frontaliers, des mini laboratoires équipés dans les inspections provinciales des pharmacies,
- La lutte contre les abus consécutifs à l'exercice de la profession de pharmaciens, abus constitutifs de la criminalité pharmaceutique,
- Le respect du circuit d'approvisionnement de médicaments,
- La réforme du secteur pharmaceutique par la décolonisation de la règlementation coloniale en l'adaptant au contexte actuel de la RDC,
- Le renforcement de capacité des médecins, pharmaciens, police nationale, pouvoir législatif et judiciaire, tout autre personnel de santé sur la *médicriminalité*,
- L'installation des mutuelles de santé et des pharmacies mutuelles publiques ou privées,
- La mise en place des associations des consommateurs pouvant ester en justice pour des dommages individuels ou collectifs consécutifs à la consommation des médicaments,

- La mise en place du point unique de contrôle entre les autorités sanitaires, administratives, douanières, policières, judiciaires, etc.

Comme toute œuvre humaine, cette recherche accuse des limites inhérentes non seulement aux statistiques sur la fréquence de la criminalité pharmaceutique alors qu'à chaque minute, elle se commet et entre dans le cadre des crimes parfaits mais aussi aux décisions judiciaires en la matière.

En dépit de ces limites, trois points novateurs méritent d'être mis en évidence.

Primo: la mise au point de la théorie de la consécration de la criminalité pharmaceutique ou de la «médicriminalité»

L'étude démontre que les actions de l'Administration publique sanitaire, loin de préserver la santé publique et de garantir le droit à la santé, se sont traduites en laisser-aller qui a institutionnalisé la criminalité pharmaceutique car:

- C'est l'Etat qui a créé, à travers le laxisme observé dans le secteur, des conditions favorables à la commission de la criminalité pharmaceutique en octroyant des avis d'implantation conformes aux officines non éligibles à l'autorisation d'ouverture. Il ne décourage pas le circuit illicite d'approvisionnement des médicaments.
- L'Etat ne fournit pas assez d'effort tant au niveau de l'acquisition des laboratoires spécialisés de contrôle et assurance-qualité des médicaments du type OMS que de la promotion des industries pharmaceutiques nationales.
- Toutes les instances administratives, judiciaires et professionnelles, censées faire échec à cette forme de criminalité, se révèlent passives et normalisent pourtant un fléau contre la santé publique à

travers la passivité dans la poursuite des *pharmacriminels* et l'absence des sanctions dissuasives.

Tout le monde participe d'une manière ou d'une autre au désordre qui s'observe dans le secteur. C'est donc ***une criminalité pharmaceutique consacrée et institutionnalisée*** par l'Etat avec le concours des consommateurs à travers l'automédication et la réticence dans la dénonciation des abus.

Secundo: Le plaidoyer en faveur de mise en place du point unique de contrôle et de lutte contre la criminalité pharmaceutique

L'étude propose un concept novateur sur les points uniques de contacts nationaux et provinciaux au sein des autorités politico-administratives, sanitaires, pharmaceutiques, policières et douanières qui échangent des informations et assurent une assistance pour la gestion opérationnelle du circuit des médicaments au niveau national, provincial ou local. Les points uniques de contacts nationaux garantissent la coopération transfrontalière avec leurs homologues des pays voisins.

Comme tout le monde a participé à la désorganisation du secteur, il convient de s'unir contre ce fléau par la prévention, la détection et la répression à travers:

- Le repérage des sites et ramassage des produits exposés et ceux qui sont dans les caches auprès des établissements informels et ambulants. Pour une bonne lutte, il faudra un renforcement des capacités des Officiers de ministère public, des Officiers de police judiciaire, des pharmaciens, de l'Ordre des pharmaciens et douaniers.

- La coopération de réseaux entre les autorités sanitaires, policières, douanières et les partenaires (opérateurs qui produisent, importent, commercialisent et administrent les médicaments aux consommateurs).

Au regard de ce diagnostic, cet état de choses intolérable ne cessera que lorsque les juridictions judiciaires s'impliqueront réellement dans la lutte contre la criminalité pharmaceutique. En clair, la police nationale, les services opérant le long de frontières, devront accomplir correctement leurs missions en privilégiant la santé publique pour des intérêts égoïstes.

Devant la nature variée et complexe des enjeux et défis liés aux médicaments de qualité inférieure, la lutte doit s'étendre au-delà des frontières par le mécanisme de coopération avec les Etats.

La nécessité d'une coopération internationale s'impose aussi car les enjeux et défis du marché des médicaments se posent à l'échelle mondiale où les multinationales et les Etats se disputent le contrôle de la production, de la distribution et de la consommation des médicaments selon la loi de l'offre et de la demande à des coûts prohibitifs qui en découlent sans ignorer la perspective de la production des génériques.

Si la criminalité pharmaceutique est appréhendée par les Etats comme une menace grave, c'est parce qu'elle attentatoire à la sécurité sanitaire. Ainsi, faute pour la RDC d'adhérer à la convention Medicrime car limitée aux pays du Conseil de l'Europe, elle devra tout au moins exprimer sa volonté à être liée par ses prescriptions.

Tertio: La réforme du secteur pharmaceutique

Après avoir dressé le bilan du cadre juridique sur l'exercice de la pharmacie en RDC, l'étude a démontré que l'ordonnance de 1933 et le décret royal de 1952 sont largement dépassés et tiennent source de la colonie belge mais applicables en RDC plus de 6 décennies plus tard. Ils se révèlent, à ce jour, inadaptés au contexte actuel.

D'où la nécessité de décolonisation de la réglementation pharmaceutique par:

- Une nouvelle loi sur l'exercice de la pharmacie adaptée au contexte actuel de la RDC,
- Une loi sur l'exercice de la médecine traditionnelle et son intégration dans l'art de guérir,
- L'adaptation des conditions d'exercice de la profession des pharmaciens,
- La définition du statut du médicament qui n'est pas spécifié car considéré parfois comme un produit de commerce général tantôt comme un bien social et stratégique avec un régime juridique approprié,
- Le renforcement des sanctions pénales dissuasives dans la répression de la criminalité pharmaceutique.

Après cet état des lieux, les suggestions suivantes peuvent être avancées :

a. ***Aux officines pharmaceutiques et EVG***

- Le respect des normes minimales pharmaceutiques en matière d'implantation et de gestion des officines,
- Le respect du circuit de distribution des médicaments et de bonnes pratiques de transport, de conservation et de distribution des médicaments,

- La déclaration régulière des produits périmés ou altérés pour la destruction.

b. ***Au Gouvernement de la RDC***

En plus des stratégies de lutte contre la criminalité pharmaceutique ci-haut citées, il y a lieu de relever ces recommandations, savoir:

- La subordination du paiement de la taxe d'ouverture et du permis d'exploitation au respect des normes minimales,
- L'implantation des centres de pharmacovigilance à travers tout le pays,
- L'allègement de la fiscalité pharmaceutique, gage d'accessibilité en médicaments de qualité à moindre coût en faveur de la population en majorité pauvre.

c. ***Aux consommateurs***

- L'abandon de l'automédication avec nécessité de se faire consulter par les médecins avant toute médication,
- L'approvisionnement en médicaments auprès de seules officines remplissant les normes et gérées par un personnel attitré,
- Le découragement de la vente ambulatoire et dénonciation des abus consécutifs à l'accès aux médicaments.

d. ***Aux instances de répression de la criminalité pharmaceutique***

- Les inspections pharmaceutiques sans complaisance,
- Le maintien de l'ordre public à travers la collaboration dans la répression de tous les faits de nature à exposer la santé publique en danger (vente ambulatoire, produits périmés, contrefaits, mal

conservés, vente par le personnel non qualifié et ou sur les étalages des boutiques, etc.),

- La poursuite dissuasive de tous les *pharmacriminels*.

e. *Au législateur congolais*

- La révision de l'économie pénale de la contrefaçon pharmaceutique,
- La saisine immédiate de l'Officier du ministère public en matière de contrefaçon et concurrence déloyale pharmaceutique au lieu de la subordonner à la plainte préalable de la victime.

Bibliographie

I. Instruments juridiques

I.1. Instruments juridiques internationaux et régionaux

Charte africaine de droits de l'homme et des peuples du 27 juin 1981

Convention de Paris pour la protection de la propriété intellectuelle du 20 mars 1883.

Convention internationale sur l'élimination de toutes les formes de discrimination raciale adoptée le 21/12/1965.

Convention sur l'élimination de toutes les formes de discrimination à l'égard des femmes du 18 décembre 1979.

Convention relative aux droits de l'enfant de 1989.

Convention Medicrime du Conseil de l'Europe du 28 octobre 2011.

Déclaration de droits de l'homme et de citoyen du 26 août 1789.

OMC, *Accord sur les aspects des droits de propriété intellectuelle qui touchent au commerce*, 1994.

OMS (a), Constitution adoptée par la Conférence internationale de la santé, tenue à New York du 19 juin au 22 juillet 1946 *in Actes officiels de l'Organisation Mondiale de la Santé*, n°2.

--------(b), Déclaration d'Alma-Ata du 12 septembre 1978, lors de la conférence internationale sur les soins de santé primaires.

ONU (a), Déclaration Universelle des Droits de l'Homme du 10 décembre 1948, adoptée par l'Assemblée Générale des Nations Unies A/RES/217A(III).

--------(b), Pacte International relatif aux Droits Economiques, Sociaux et Culturels adopté par l'AG 2200 A (XXI) du 16/12/1966, *in Journal Officiel de la République Démocratique du Congo*, Numéro spécial, avril 1999.

Protocole additionnel de San Salvador du 17 novembre 1988.

I.2. Instruments juridiques internes de la République Démocratique du Congo

Constitution du 18 février 2006 telle que modifiée par la loi n°11/002 du 20/1/ 2011 portant révision de certains articles de la Constitution de la RDC du 18 février 2006, in *Journal officiel de la RDC*, numéro spécial du 5 février 2011.

Décret du 30 juillet 1888 portant code des obligations conventionnelles et des contrats, in *Bulletin officiel*, 1888.

Décret du 26 juillet 1910 portant fabrication et commerce de denrées alimentaires, in *Bulletin officiel*, 1910.

Décret du 30 janvier 1940 tel que modifié et complété à ce jour, portant code pénal congolais, in *Journal Officiel* de la RDC, n° spécial du 30 novembre 2004.

Décret royal du 19 mars 1952 sur l'exercice de l'art de guérir in *Bulletin officiel*, 1952.

Loi 81-003 du 17 juillet 1981 portant statut du personnel de carrière des services publics de l'État in *Journal Officiel du Zaïre*, n°15 du 1er août 1981.

Loi n° 82-001 du 7 janvier 1982 régissant la propriété industrielle en RDC in *Journal Officiel du Zaïre*, n°1 du 15 janvier 1982.

Loi n° 86-033 du 5 avril 1986 sur les droits d'auteur et les droits voisins, in *Journal Officiel du Zaïre*, n° spécial, avril 1986.

Loi n°004/2001 du 20 juillet 2001 portant dispositions générales applicables aux Associations sans but lucratif et aux établissements d'utilité publique in *Journal Officiel de la RDC*, spécial du 15 aout 2001.

Ordonnance n° 27 bis/Hyg. du 15 mars 1933 sur l'Exercice de la Pharmacie, disponible sur *www.legalnet.cd*.

Ordonnance 70-158 du 30 avril 1970 déterminant les règles de la déontologie médicale, disponible sur *www.legalnet.cd*.

Ordonnance 81-160 du 7 octobre 1981 portant statut du personnel de l'Enseignement Supérieur et Universitaire *in Journal Officiel du Zaïre*, n°21 du 1er novembre 1981.

Ordonnance-loi 91-018 du 30 mars 1991 portant création d'un Ordre des pharmaciens en République du Zaïre *in Journal Officiel du Zaïre*, n° spécial, juin 1991.

Décret n° 09/42 du 3 décembre 2009 fixant les statuts d'un Établissement public à caractère scientifique et technique de l'Office Congolais de Contrôle *in Journal Officiel de la RDC*, n°5, Première partie, 52è année, du 1er mars 2011.

AM n°1250/CAB MIN/S/AJ 01 du 11 mars 2000 portant condition d'octroi des autorisations d'ouverture et de fonctionnement des établissements pharmaceutiques en RDC, disponible sur *www.legalnet.cd*

AM n°1250/CAB/MIN/S/AJ/MS/013/2001 du 09 décembre 2001 portant enregistrement et Autorisation de Mise sur le Marché des médicaments en RDC, disponible sur *www.legalnet.cd*.

AM n°1250/CAB/MIN/S/AJ/KIZ/18/2002 du 23 juillet 2002 portant création et organisation d'un Programme National d'Approvisionnement en Médicament, disponible sur *www.legalnet.cd*

AM n°1250/CAB/MIN/S/027/DS/2006 du 7 septembre 2006 portant suspension temporaire des importations de certains médicaments, *in Journal officiel*, n°14 du 15 juillet 2009.

RDC (a), *Cartographie des systèmes d'approvisionnement et de distribution des médicaments et autres produits de santé en RDC*, Kinshasa, janvier 2010.

--------(b), *Politique nationale de la Médecine traditionnelle en RDC*, Ministère de la Santé publique, Kinshasa 2002.

--------©, *Projet de loi portant règlementation de la médecine traditionnelle en RDC*, Ministère de la Santé publique, Kinshasa, 2002.

--------(d), *Plan directeur de développement sanitaire*, Ministère de la Santé publique, Kinshasa, Septembre 2004.

--------(e), *Politique pharmaceutique nationale*, Ministère de la Santé publique, Kinshasa 2005.

-------- (f), *Plan national de développement sanitaire*, Ministère de la Santé publique, Kinshasa, Mars 2010.

-------- (g), *Profil narratif : Profil pharmaceutique de la RDC 2011*, Ministère de la Santé publique, Kinshasa, juin 2011.

II. Doctrine

II. 1. Ouvrages

AUBY Jean-Marie, *Le droit de la santé*, PUF, Paris, 1981.

AUZEPY *et al.*, *Accidents des médicaments*, Ed Marketing, Paris, 1990.

BOFOE LOKANGU S., *Le droit à la santé en droit positif congolais, Utopisme de mise en œuvre d'un droit fondamental*, Editions Universitaires Européennes, Berlin, 2018.

CAREGHI Jean, *Une responsabilité civile médicale a-t-elle existé dans l'ancien droit français (15-18è Siècle)*, Paris, 2003.

DELCOURT Diane, *Recherches sur l'évolution du Droit international des brevets des médicaments, vers l'insertion du « modèle européen » du droit pharmaceutique dans le système commercial multilatéral*, PUAM, Paris, 2010.

DGOS, *Qualité de la prise en charge médicamenteuse, outils pour les établissements de santé,* Ministère du Travail/France, Paris, 2012.

DIDIER Truchet, *Droit de la santé publique*, 8è éd., Dalloz, Paris, 2012.

DUBOUIS Louis, *Le refus de soins : qui du patient ou du médecin doit arbitrer entre la vie et Dieu* ?, Dalloz, Paris, 2002.

HERZLICH Claudine, *Santé et maladie, Analyse d'une représentation sociale*, E.H.E.S.S, Paris, 1996.

JEAN MICHEL de Forges., *Le droit de la santé,* PUF, 8è éd. 2012, Paris.

KALONGO Mbikayi, *Code civil et commercial*, CRDJ, Kinshasa, 1997.

LAMBERT-Faivre, *Droit du dommage corporel*, 5è éd. 2004, Dalloz, Paris.

LAUDE Anne et TABUTEAU Didier, *De l'observance à la gouvernance de sa santé*, PUF, Paris, 2007.

LIKULIA Bolongo, *Droit pénal spécial zaïrois*, LGDJ, Paris, 1985.
MELIK Ozden, *Le droit à la santé*, collection d'un Programme de Droits humains, Paris, 2001.
MOREAU Jacques, *Le droit à la santé, les droits fondamentaux, une nouvelle catégorie juridique ?*, A.J.D.A, Paris, 1998.
NEAL, *Pharmacologie médicale 3*, De Boeck, Montréal, 1999.
OMS, *Guide pour l'élaboration de mesures visant à éliminer les médicaments contrefaits.* Genève, 1999.
SAINT-James, *Le droit à la santé dans la jurisprudence du Conseil constitutionnel*, R.D.P, Paris, 1997.
SAUVAT Christophe, *Réflexions sur le droit à la santé*, PUAM, Paris, 2004.
VRIES (de) *et alii, Bien prescrire les médicaments, OMS : programme d'action pour les médicaments essentiels,* who/DAP/94.11. Genève, 2005.

II.2. Thèses de doctorat

BOFOE LOKANGU Starmans, *le droit à la santé à l'épreuve de la criminalité pharmaceutique en République Démocratique du Congo. Analyse du marché des médicaments dans les viles de Kisangani et de Kinshasa, de 2008 à 2012,* Thèse de doctorat en Droit, Faculté de Droit de l'Université de Kisangani, Novembre 2014.
CANDICE Legris, *La détection des médicaments contrefaits par investigation de leur authenticité. Etude pilote sur le marché pharmaceutique illicite de Cote d'Ivoire*, Thèse de Doctorat d'Etat en pharmacie pdf, Université HENRI POINTCARE de NANCY I, 2005.
DESCHAMPS Julien, *Qualification des sources d'approvisionnement en médicaments essentiels génériques. Application aux*

pays en développement, Thèse de doctorat d'Etat en pharmacie pdf, Université Claude Bernard-Lyon I, 2005.

PRADEL Jean., *La condition civile du malade*, Thèse de doctorat en Droit pdf, Université de Poitiers, LGDJ, Paris, 1960.

II.3. Articles de revue

CHEVREUL *et alii*, « Le contrôle de qualité des médicaments: une procédure de sélection adaptée aux ressources disponibles. Le cas des anti-infectieux à Madagascar », *in Colloque "Les Journées des Economistes Français de la Santé"*, *"Santé et Développement"*, Clermont-Ferrand, Paris, 2004.

COCKBURN *et alii,* «The global threat of counterfeit drugs: why industry and governments must communicate the dangers». 14/3/2005.

HAMEL « Alerte: les faux médicaments pullulent » *in L'Hebdo,* 20 mars 1997.

LEVY Joseph, *Détournement, abus et dopage : d'autres usages des* médicaments, Drogues, Santé et Société, vol. 7, juin 2008.

OMS (a), A compendium of guidelines and related materials. Chapitre 18, Vol 1, disponible sur *www.who.int/medicines/library.*

-------- (b), Counterfeit medicines. Overview, disponible sur: *www.who.int/medicines/organization.*

-------- (c), Glossary: quality of pharmaceutical products, disponible sur: *www.who.int.*

-------- (d), *Rapport sur la santé dans le monde. Réduire les risques et promouvoir une vie saine*. Sadag 2002.

VANDENBERGH *et alii,* « *Etude de faisabilité pour la mise en œuvre d'un système d'approvisionnement et de distribution de médicaments et consommables médicaux essentiels en RDC »*. Rapport provisoire de Mission. janvier/février 2002.

Table des matières

RÉPUBLIQUE DÉMOCRATIQUE DU CONGO AUX ÉDITIONS L'HARMATTAN

Dernières parutions

LA LUTTE CONTRE LA NÉOCRIMINALITÉ PROCRÉATIQUE EN RÉPUBLIQUE DÉMOCRATIQUE DU CONGO
Esquisse de politique criminelle en bioéthique
Irénée Mvaka Ngumbu
Préface d'Evariste Likinda
La néocriminalité procréatique se situe dans un ensemble des nouvelles formes de criminalités qui accompagnent ou que génèrent les technosciences. La procréatique permet à l'homme de réaliser son rêve d'être maître de l'homme en intervenant dans les secrets de la genèse de la vie en vue de l'orienter comme il veut. Mais cet homme technoscientifique aura-t-il toujours la maîtrise de sa maîtrise ?
(Coll. Harmattan RDC, 466 p., 45 euros)
ISBN : 978-2-343-15354-4, EAN EBOOK : 9782140099359

LA DÉPRÉCIATION DU FRANC CONGOLAIS (2001-2018)
Effet d'hystérèse
Blaise Sary Ngoy
Ce livre aborde la dépréciation à répétition du franc congolais, caractérisée par l'effet d'hystérèse. Il affirme qu'aucune politique monétaire ou budgétaire ne peut porter des fruits dans le contexte actuel, car la monnaie représente la santé de l'économie. Elle est malade. Tant que celle-ci souffre, la valeur de la monnaie reflète ces maux. L'auteur suggère de soigner le virus qui ronge cette économie. La stabilité de la monnaie ira de soi, dès lors que les réformes structurelles permettent l'équilibre de ses fondamentaux.
(Coll. Études africaines, 240 p., 24,5 euros)
ISBN : 978-2-343-14982-0, EAN EBOOK : 9782140098482

BOMBE "N" : RICHESSES, MYSTÈRES ET OPPORTUNITÉS DU BASSIN DU CONGO
Plaidoyer de Denis Sassou N'Guesso pour la protection de la planète
La vision verte revue et approfondie
Michel Innocent Peya
Cet ouvrage se consacre au bassin du Congo : ses richesses naturelles, ses mystères, les cadres juridiques et institutionnels nationaux, sous-régionaux et internationaux qui le protègent. Sa préservation et sa protection sur la durée sont une action de conscience, de volonté, d'engagement, de détermination, et des sacrifices pour l'intérêt de l'humanité. La nature ne peut se défendre seule, le bassin du Congo trouve parmi ses fils amoureux de la nature un porte-parole dans la personne du président de la République du Congo, Denis Sassou N'Guesso.
(280 p., 28 euros)
ISBN : 978-2-343-15369-8, EAN EBOOK : 9782140095634

AGONIE ET FIN DE LA RÉPUBLIQUE DU CONGO-KINSHASA
Kayamba Tshitshi Ndouba
Préface d'Alain Lubamba wa Lubamba
De la proclamation de l'Indépendance au coup d'Etat militaire de 1965, une crise de régime politique a secoué profondément le Congo-Kinshasa. Cet ouvrage entend en expliciter les soubassements à travers deux anagrammes : l'évolution institutionnelle de séparation des pouvoirs et les dynamiques de relation des différents acteurs de la crise politique congolaise.
(Coll. Études africaines, 292 p., 30 euros)

ISBN : 978-2-343-14052-0, EAN EBOOK : 9782140097676

LES ANNÉES UNAZA (UNIVERSITÉ NATIONALE DU ZAÏRE) (TOME 2)
Contribution à l'histoire de l'Université Africaine
Isidore Ndaywel E Nziem
Sous la direction de - Préface de Bogumil Jewsiewicki
De 1971 à 1981, l'Université congolaise a connu, sous le signe de l'Université nationale du Zaïre, une expérience originale de regroupement en un seul ensemble des trois universités existantes. L'objectif de cette réforme a été le contrôle de ces établissements par un pouvoir qui faisait ses premières armes dans la dictature. Mais elle a aussi hâté l'africanisation du Corps enseignant. Cet ouvrage en deux volumes est un recueil de témoignages de ceux-là mêmes qui ont vécu ce processus, comme étudiants ou professeurs. Complétés par des documents originaux, ces récits restituent l'ensemble de l'histoire de l'Université au Congo.
(Coll. La Région des Grands Lacs Africains, 222 p., 23,5 euros)
ISBN : 978-2-343-13478-9, EAN EBOOK : 9782140097133

LES ANNÉES UNAZA (UNIVERSITÉ NATIONALE DU ZAÏRE) (TOME 1)
Contribution à l'histoire de l'Université Africaine
Isidore Ndaywel E Nziem
Sous la direction de - Préface de Bogumil Jewsiewicki
De 1971 à 1981, l'Université congolaise a connu, sous le signe de l'Université nationale du Zaïre, une expérience originale de regroupement en un seul ensemble des trois universités existantes. L'objectif de cette réforme a été le contrôle de ces établissements par un pouvoir qui faisait ses premières armes dans la dictature. Mais elle a aussi hâté l'africanisation du Corps enseignant. Cet ouvrage en deux volumes est un recueil de témoignages de ceux-là mêmes qui ont vécu ce processus, comme étudiants ou professeurs. Complétés par des documents originaux, ces récits restituent l'ensemble de l'histoire de l'Université au Congo.
(Coll. La Région des Grands Lacs Africains, 272 p., 28 euros)
ISBN : 978-2-343-12831-3, EAN EBOOK : 9782140097126

UNE MASCARADE DE JUSTICE EN RÉPUBLIQUE DÉMOCRATIQUE DU CONGO
Richard Isungu Kakoko
En République démocratique du Congo, la justice n'en a que le nom : les responsables judiciaires, politiques et exécutifs s'y immiscent et interfèrent intempestivement pour influencer, orienter ou dicter les jugements et les arrêts. Dans cet ouvrage, après avoir relevé les maux qui rongent ou gangrènent la justice en République démocratique du Congo, l'auteur esquisse quelques voies ou pistes de solution pour redorer son blason, afin qu'elle revête sa plus belle robe, celle de l'équité et de l'égalité de tous devant la loi.
(Coll. Études africaines, 172 p., 18 euros)
ISBN : 978-2-343-15122-9, EAN EBOOK : 9782140095757

PRÉMONTRÉS ET DOMINICAINS BELGES AU CONGO
Uele, 1898-1924
Richard Dane Lokando
L'éveil missionnaire que vit la Belgique à la fin du XIXe siècle ne laisse pas indifférents les chanoines prémontrés belges. Sur demande du roi Léopold II et du Pape Léon XIII, l'abbaye de Tongerloo s'engage à prendre part à l'oeuvre civilisatrice du roi, en acceptant d'évangéliser le nord-est de l'État indépendant du Congo. Mais l'oeuvre se révèle bientôt plus compliquée que prévue. C'est alors que les Dominicains de la province belge flamande volent à leur secours permettant au catholicisme d'entamer le chemin de son développement dans le bassin de l'Uele.
(Coll. Églises d'Afrique, 196 p., 20,5 euros)
ISBN : 978-2-343-14264-7, EAN EBOOK : 9782140095344

L'EMPLOI DES JEUNES EN RÉPUBLIQUE DÉMOCRATIQUE DU CONGO

Antoine-Roger Bumba Monga Ngoy

Préface de Lye M. Yoka

En RDC, la création d'emplois stagne, les inégalités persistent entre les milieux rural et urbain, le taux de chômage reste très élevé, surtout pour les jeunes. Où se situe la RD Congo en matière de création d'emplois nouveaux et durables ? Lla question de l'interaction entre l'université et la société, entre la formation des cadres et les structures du développement en RDC, doit interpeller le gouvernement afin de garantir la promotion de l'homme, première ressource de toute organisation économique et sociale, moteur du progrès et "espérance de consommation", sans qui la nation ne peut survivre.

(252 p., 26 euros)

ISBN : 978-2-343-14424-5, EAN EBOOK : 9782140094521

LA LUTTE CONTRE LE BLANCHIMENT DE CAPITAUX ET LE FINANCEMENT DU TERRORISME

En droit pénal congolais et en droit pénal comparé

Boniface Kabanda Matanda

Préface de Barnabé Ilunga Tshibangu

Au fil des chapitres l'auteur aborde les moyens de lutte contre le blanchiment de capitaux et le financement du terrorisme. Le premier chapitre est consacré à l'approche comparative de l'organisation des polices administrative et judiciaire. Le deuxième traite du blanchiment de capitaux et le troisième est relatif au financement du terrorisme. Le quatrième chapitre analyse les systèmes de prévention et de détection. Le cinquième et dernier chapitre pose quant à lui la problématique de la lutte y afférente.

(Coll. Harmattan RDC, 540 p., 40 euros)

ISBN : 978-2-343-14514-3, EAN EBOOK : 9782140092206

AUX PORTES DE L'ENFER

Roman

Michel Mumaka Mabaya

Ce roman suit quatre jeunes Congolais de la République démocratique du Congo jetés à la rue, qui fuient la misère et l'injustice sociale de leur pays, pourtant immensément riche, pour émigrer clandestinement en Europe, en passant par la Méditerranée. Après avoir rémunéré grassement les passeurs avec de l'argent volé, ils effectuent un voyage éreintant à travers le Niger et arrivent en Libye où ils sont vendus comme esclaves aux marchands de chair humaine.

(Coll. Harmattan RDC, 154 p., 16,5 euros)

ISBN : 978-2-343-15095-6, EAN EBOOK : 9782140094859

LES DÉRIVES DE L'ETAT POSTCOLONIAL EN RÉPUBLIQUE DÉMOCRATIQUE DU CONGO

Thomas Mawanzi Manzenza

En analysant les structures sociales qui déterminent, par leurs particularités, les pratiques des acteurs politiques, cet ouvrage montre que les crises qui ont secoué la République démocratique du Congo font partie des stratégies politiques auxquelles recourent les autorités dirigeantes pour non seulement prolonger leur règne politique, mais aussi pour affaiblir l'Etat afin de le convertir en un instrument de prédation des ressources nationales.

(Coll. Études africaines, 272 p., 27 euros)

ISBN : 978-2-343-14475-7, EAN EBOOK : 9782140094835

POLITIQUES AGRICOLES DURABLES EN RÉPUBLIQUE DU CONGO

Diagnostic et perspectives

Parisse Akouango

Le développement durable met au centre de la croissance et du développement la relation économique, sociale et environnementale. Et pourtant, les aides publiques au développement octroyées aux pays africains n'arrivent pas, dans leur majorité, aux bénéficiaires et, d'aides en aides, les mêmes erreurs se répètent. La réussite d'un projet agricole, élément décisif d'une politique agricole durable passe par une rigueur dans sa réflexion, sa construction et sa capacité à se remettre en cause.

(Coll. Harmattan Congo-Brazzaville, 126 p., 14,5 euros)

ISBN : 978-2-343-14280-7, EAN EBOOK : 9782140094002

LES BAVIRA DU SUD-KIVU (RDC)

Histoire, culture et renaissance d'un peuple bantou

Augustin Ramazani Bishwende, Di-Kuruba Dieudonné Muhinduka

Les intellectuels Bavira se proposent de s'unir pour réécrire leur histoire et leur culture en vue de protéger leurs mémoires collectives singulières. Ils trouvent judicieux d'élaborer une anthropologie critique, bantoue vira, pour susciter l'espoir et soutenir la renaissance. Ils contribuent ainsi à la transmission intergénérationnelle savante de leur histoire et de leur culture pour dynamiser le développement durable de leur terroir, dans le contexte actuel de la décentralisation dans lequel l'Etat congolais veut s'investir.

(Coll. Études africaines, 316 p., 32,5 euros)

ISBN : 978-2-343-14044-5, EAN EBOOK : 9782140092497

STRATÉGIES REBELLES ET AIDE INTERNATIONALE DANS L'AFRIQUE DES GRANDS LACS

1981-2013

Agathe Plauchut

Préface de Scott Straus - Avant-propos de Jean-Charles Jauffret

Les mouvements d'inspiration rebelles en Afrique (de la rébellion de type maoïste en 1981 en Ouganda à celle du M23 en 2013 en RDC) ont expérimenté de nouvelles tactiques. Les civils de plus en plus pris pour cibles permettent d'obtenir toujours plus de dividendes politiques et économiques de la guerre. Concentration de réfugiés, déplacement forcés des populations, viol comme arme de guerre et recrutement d'enfants, autant de tactiques qui ont permis de mettre en place des filières lucratives de ressources naturelles et l'accession à des postes de pouvoir.

(Coll. Mondes en mouvement, 304 p., 31 euros)

ISBN : 978-2-343-13919-7, EAN EBOOK : 9782140091421

LES PÉCHÉS LITURGIQUES DANS LES CÉLÉBRATIONS EUCHARISTIQUES

Roger Gaise

Préface de mgr Alain de Raemy

Ce livre est un "vade-mecum" pour guider les célébrations eucharistiques selon le rite romain. L'auteur rappelle les requis du magistère, souvent oubliés par la pratique et les habitudes acquises. il rassemble une série de stigmatisations, d'attitudes et de comportements non conformes aux prescrits liturgiques. Ces interpellations ne peuvent laisser insensible aucun acteur liturgique, soucieux de célébrer dignement l'eucharistie.

(Coll. Harmattan RDC, 132 p., 15 euros)

ISBN : 978-2-343-14919-6, EAN EBOOK : 9782140091940

ENTREPRISES PUBLIQUES EN RÉPUBLIQUE DÉMOCRATIQUE DU CONGO

La nécessité d'un cadre de bonne gouvernance axée sur la responsabilisation et la performance

Jacques Kabeya I. Tenda

Gangrénées par la mauvaise gestion, une faible productivité et des services de qualité médiocre, les entreprises publiques en République Démocratique du Congo sont incapables de produire la richesse souhaitée. Pour relever ce défi de la mal gouvernance, l'économiste financier, Jacques Kabeya Ilunga Tenda recommande la mise en place, par le Gouvernement, d'un cadre de bonne gouvernance de responsabilisation et de performance.

(Coll. Études africaines, 216 p., 22 euros)

ISBN : 978-2-343-14993-6, EAN EBOOK : 9782140091964

Structures éditoriales du groupe L'Harmattan

L'Harmattan Italie
Via degli Artisti, 15
10124 Torino
harmattan.italia@gmail.com

L'Harmattan Hongrie
Kossuth l. u. 14-16.
1053 Budapest
harmattan@harmattan.hu

L'Harmattan Sénégal
10 VDN en face Mermoz
BP 45034 Dakar-Fann
senharmattan@gmail.com

L'Harmattan Cameroun
TSINGA/FECAFOOT
BP 11486 Yaoundé
inkoukam@gmail.com

L'Harmattan Burkina Faso
Achille Somé – tengnule@hotmail.fr

L'Harmattan Guinée
Almamya, rue KA 028 OKB Agency
BP 3470 Conakry
harmattanguinee@yahoo.fr

L'Harmattan RDC
185, avenue Nyangwe
Commune de Lingwala – Kinshasa
matangilamusadila@yahoo.fr

L'Harmattan Congo
67, boulevard Denis-Sassou-N'Guesso
BP 2874 Brazzaville
harmattan.congo@yahoo.fr

L'Harmattan Mali
Sirakoro-Meguetana V31
Bamako
syllaka@yahoo.fr

L'Harmattan Togo
Djidjole – Lomé
Maison Amela
face EPP BATOME
ddamela@aol.com

L'Harmattan Côte d'Ivoire
Résidence Karl – Cité des Arts
Abidjan-Cocody
03 BP 1588 Abidjan
espace_harmattan.ci@hotmail.fr

L'Harmattan Algérie
22, rue Moulay-Mohamed
31000 Oran
info2@harmattan-algerie.com

L'Harmattan Maroc
5, rue Ferrane-Kouicha, Talaâ-Elkbira
Chrableyine, Fès-Médine
30000 Fès
harmattan.maroc@gmail.com

Nos librairies en France

Librairie internationale
16, rue des Écoles – 75005 Paris
librairie.internationale@harmattan.fr
01 40 46 79 11
www.librairieharmattan.com

Librairie l'Espace Harmattan
21 bis, rue des Écoles – 75005 Paris
librairie.espace@harmattan.fr
01 43 29 49 42

Lib. sciences humaines & histoire
21, rue des Écoles – 75005 Paris
librairie.sh@harmattan.fr
01 46 34 13 71
www.librairieharmattansh.com

Lib. Méditerranée & Moyen-Orient
7, rue des Carmes – 75005 Paris
librairie.mediterranee@harmattan.fr
01 43 29 71 15

Librairie Le Lucernaire
53, rue Notre-Dame-des-Champs – 75006 Paris
librairie@lucernaire.fr
01 42 22 67 13

www.ingramcontent.com/pod-product-compliance
Lightning Source LLC
LaVergne TN
LVHW011018061026
849535LV00006B/1952